En vente : Phœbus, ou l'Ecrivain Public, vaudeville en 2 actes. (*Vernet*).
L'Éclair, opéra en 3 actes, de MM. Panard et Saint-George.

LA FRANCE DRAMATIQUE

AU DIX-NEUVIÈME SIÈCLE.

Variétés.

LA CANAILLE.

J N B

453 — 454

PARIS.

J.-N. BARBA,   BEZOU,
AU PALAIS-ROYAL,   BOULEVART SAINT-MARTIN,
DERRIÈRE LE THÉATRE-FRANÇAIS.   ET RUE MESLAY, 34.

ET AU MAGASIN GÉNÉRAL DE PIÈCES DE THÉATRE ANCIENNES ET NOUVELLES,
chez J.-N. BARBA, libraire,
grande cour, galerie de Chartres, n°s 2 et 3, derrière le Théâtre-Français,
à côté de Chevet.

1839.

Les Pièces de deux à cinq actes sont à 60 centimes, les autres à 30 centimes.

LA SECONDE ANNÉE, v. de M. Scribe.
L'ÉCOLE DES VIEILLARDS, comédie en 5 actes en vers de M. Cas. Delavigne.
L'OURS ET LE PACHA, v. de M. Scribe.
LE CAMARADE DE LIT, vaud. en 2 actes de M. E. Wanderburck et F. Langlé.
LE MARI ET L'AMANT, comédie de Vial.
LES MALHEURS D'UN AMANT HEUREUX, vaudeville en 2 actes de M. Scribe.
HENRI III ET SA COUR, drame historique en 5 actes de M. Alex. Dumas.
UN DUEL SOUS RICHELIEU, drame vaudeville en 3 actes de M. Lockroy.
CALAS, drame en 3 actes de Ducange.
MICHEL ET CHRISTINE, v. de M. Scribe.
MARIAGE DE RAISON, vaudeville en 2 actes de MM. Scribe et G. Delavigne.
L'HOMME AU MASQUE DE FER, drame en 5 a. de MM. Arnould et Fournier.
LA JEUNE FEMME COLÈRE, comédie de M. Étienne.
L'INCENDIAIRE OU LA GUERRE ET L'ARCHEVÊCHÉ, drame en 3 actes.
LA VIEILLE, opéra comique, de M. Scribe.
LE JEUNE MARI, c. en 3 a. de M. Mazères.
LA DEMOISELLE A MARIER, comédie vaudeville de MM. Scribe et Mélesville.
LES VÊPRES SICILIENNES, tragédie en 5 actes de M. Casimir Delavigne.
LE BUDGET D'UN JEUNE MÉNAGE, vaudeville de MM. Scribe et Bayard.
L'AUBERGE DES ADRETS, drame en 3 act.
PHILIPPE, vaudeville de MM. Scribe, Mélesville et Bayard.
LA DAME BLANCHE, opéra en 3 actes de M. Scribe.
TOUJOURS, vaudeville en 2 actes de MM. Scribe et Varner.
DIX ANS DE LA VIE D'UNE FEMME OU LES MAUVAIS CONSEILS, drame en 5 actes, par MM. Scribe et Terrier.
LE LORGNON, vaudeville de M. Scribe.
BERTRAND ET RATON, comédie en 5 actes de M. Scribe.
UNE FAUTE, dr. v. en 2 a. de M. Scribe.
LE CI-DEVANT JEUNE HOMME, comédievaud. de MM. Merle et Brazier.
MARIE MIGNOT, comédie historique et vaudeville en 3 actes de M. Bayard.
POURQUOI, v. de MM. Lockroy, Anicet.
RICHARD DARLINGTON, dr. en 3 actes prol., par MM. Dinaux et A. Dumas.
LA CHANOINESSE, vaudeville de MM Scribe et Francis Cornu.
LES COMÉDIENS, comédie en 5 actes en vers de M. Casimir Delavigne.
L'HÉRITIÈRE, vaudeville de M. Scribe.
LÉONTINE, drame-vaudeville en 3 actes de M. Ancelot.
LE GARDIEN, vaudeville de M. Scribe.
DOMINIQUE, comédie en 3 actes de MM. Depanny et Dupin.
LE PHILTRE CHAMPENOIS, vaudeville de MM. Mélesville et Brazier.
LE CHEVREUIL, vaudeville en 3 actes de MM. Léon Halévy et Jaime.
LE CHARLATANISME, vaudeville de MM. Scribe et Mazères.
VERT-VERT, v. en 3 actes de M. Leuven.
BRURIS ET PALAPRAT, comédie en vers de M. Étienne.
UNE FÊTE DE NÉRON, tragédie en 5 actes de MM. Soumet et Belmontet.
LE MARIAGE EXTRAVAGANT, vaudeville.
LE PAYSAN PERVERTI, drame-vaudeville en 3 actes par M. Théaulon.
PINTO, drame historique en 5 actes de M. Népomucène Lemercier.
LA CARTE A PAYER, vaudeville de MM. Merle, Brazier et Carmouche.
LE MARI DE MA FEMME, comédie en 3 actes en vers de M. Rosier.
LES VIEUX PÉCHÉS, vaudeville de MM. Mélesville et Dumanoir.
LUXE ET INDIGENCE, comédie en 5 actes en vers de M. Depagny.

ZOÉ, vaudeville de M. Scribe.
LOUIS XI, tragédie en 5 actes en vers de M. Casimir Delavigne.
NINON CHEZ MADAME DE SÉVIGNÉ, opéra comique en vers de M. Dupaty.
ROBIN DES BOIS, opéra fantastique en 3 actes de MM. Castil Blaze et Sauvage.
MARINO À MAINURNES, trag. de Arnault.
MARIE STUART, tragédie en 5 actes de M. P. Lebrun.
LES RIVAUX D'EUX MÊMES, comédie de Pigault-Lebrun.
LA FAMILLE GLINET, comédie en 5 actes en vers de M. Merville.
LES HÉRITIERS, c. de M. Alex. Duval.
JEANNE D'ARC, tragédie en 5 actes en vers de Davrigny.
LES MARIS SANS FEMMES, vaudeville de Désaugiers et Gentil.
L'ASSEMBLÉE DE FAMILLE, comédie en 5 actes en vers de Ribouté.
MÉMOIRES D'UN COLONEL DE HUSSARDS, vaud. de MM. Scribe et Mélesville.
LE PARIA, tragédie en 5 actes de M. Casimir Delavigne.
LES DEUX MARIS, vaudeville de MM. Scribe et Varner.
LE MÉDISANT, comédie en 3 actes en vers de Gosse.
LA PASSION SECRÈTE, com. en 3 actes.
RABELAIS, vaudeville anecdotique de MM. Leuven et Charles.
LES DEUX GENDRES, comédie en 5 actes en vers, de M. Étienne.
ESTELLE, vaudeville, de M. Scribe.
TRENTE ANS DE LA VIE D'UN JOUEUR, drame en 3 actes, de Victor Ducange et M. Dinaux.
LE PRÉ AUX CLERCS, opéra en 3 actes, de M. Planard et Auber.
LA POUPÉE, vaudeville, de MM. Fournier et Arnould.
LA TOUR DE NESLE, dr. en 5 actes, de MM. Alex. Dumas et Fr. Gaillardet.
CHANGEMENT D'UNIFORME, vaudeville.
UNE PRÉSENTATION, OU LE COMTE DE ST-GERMAIN, comédie en 3 actes.
MADAME GIBOU ET MADAME POCHET, vaud. griv. en 3 act., de M. Dumersan.
EST-CE UN RÊVE, vaudeville en 2 actes, par M. de Rougemont.
ROBERT LE DIABLE, opéra en 5 actes, de M. Scribe et Meyerbeer.
FRA DIAVOLO, opéra comique en 3 actes, de M. Scribe.
LE DUEL ET LE DÉJEUNÉ, vaudeville, de MM. Ar. Gouffé et Ledoux.
ZAMPA, opéra-comique en 3 actes, de M. Mélesville.
AVANT, PENDANT ET APRÈS, esquisse historique, vaudeville en 3 actes, par MM. Scribe et de Rougemont.
LES PROJETS DE MARIAGE, comédie de M. Alexandre Duval.
UN PREMIER AMOUR, comédie en 3 actes, de MM. Bayard et E. Wanderburck.
NAPOLÉON A SCHOENBRUNN, drame historique en 9 tableaux, par MM. Ch. Dupeuty et Régnier.
LA COURTE PAILLE, drame vaudeville en 3 actes, de MM. Cogniard frères.
LE HUSSARD DE FELSHEIM, vaudeville en 3 actes, par M. de Villeneuve.
1760 OU UNE MATINÉE D'UN GRAND SEIGNEUR, comédie en vers.
RIGOLETTI OU LE DERNIER DES FOUS, vaud., de MM. Alhoize et Jaime.
ROBERT MACAIRE, pièce en 4 actes, de MM. St-Amand, Antier et Lemaître.
FRÉDÉGONDE ET BRUNEHAUT, tragédie en 5 actes, de M. Nep. L'mercier.
GUSTAVE III, op. en 5 a., de M. Scribe.
ELLE EST FOLLE, vaudeville en 2 actes.
L'ABBÉ DE L'ÉPÉE, comédie historique en 5 actes de M. Bouilly.
UN FILS, drame en 4 actes.

LES INFORTUNES DE M. JOVIAL, HUISSIER CHANSONNIER, par MM. Théaulon et de Courcy.
MONSIEUR JOVIAL OU L'HUISSIER CHANSONNIER, vaudeville en 2 actes, de M. Théaulon.
VICTORINE, drame-vaudeville en 3 act., par MM. Dumersan et Dupeuty.
CATHERINE OU LA CROIX D'OR, vaudeville en 2 actes, de MM. Brazier.
LA BELLE-MÈRE ET LE GENDRE, comédie en 3 actes en vers, de M. Samson.
HEUR ET MALHEUR, vaudeville, de MM. Duvert, Alex. Basset et Lauzanne.
L'HÉROÏNE DE MONTPELLIER, drame en 5 actes, de M. Népomuc. Lemercier.
IL Y A SEIZE ANS, drame en 3 actes.
C'EST ENCORE DU BONHEUR, vaud. en 3 actes, de MM. Arnould et Lockroy.
LA MÈRE AU BAL ET LA FILLE A LA MAISON, v. en 2 act. de M. Théaulon.
JEAN, vaudeville en 3 actes, de MM. Théaulon et Signol.
LES ÉTOURDIS, comédie en 3 actes en vers, d'Andrieux.
VALÉRIE, com. en 3 act., de M. Scribe.
FAUBLAS, vaudeville en 5 acts, de MM. Dupeuty, Brunswick et Lhéric.
PICAROS ET DIEGO, opéra bouffon, par par M. Em. Dupaty.
LA DÉMENCE DE CHARLES VI, tragédie en 5 actes, de Nép. Lemercier.
UNE HEURE DE MARIAGE, opéra comique, de M. Étienne.
MADAME DUBARRY, vaudeville en 3 actes, de MM. Ancelot et Et. Arago.
LE CHIFFONNIER, vaudeville en 5 actes de MM. Théaulon et Étienne.
LE MARQUIS DE BRUNOY, vaudeville en 5 actes, de MM. Théaulon et Jaime.
LE VOYAGE A DIEPPE, comédie en 3 actes, de MM. Waffard et Fulgence.
LES ANGLAISES POUR RIRE, folie, par M. Sewrin et Dumersan.
LA FILLE D'HONNEUR, comédie en 5 actes en vers, par M. Alex. Duval.
UN MOMENT D'IMPRUDENCE, comédie en 3 actes, de M. Fulgence.
LE DINER DE MADELON, vaudeville.
LES DEUX MÉNAGES, comédie en 3 actes, M. Fulgence.
LE BÉNÉFICIAIRE, vaudeville en 5 actes, de M. Théaulon et Étienne.
LES MALHEURS D'UN JOLI GARÇON, vaud., de MM. Varin, Et. Arago.
ROBERT CHEF DE BRIGANDS, drame en 5 actes, de Lamartellière.
UNE JOURNÉE A VERSAILLES, comédie en 3 actes, de M. Georges Duval.
LE BARBIER DE SÉVILLE, comédie en 4 actes, de Beaumarchais.
LES CUISINIÈRES, vaudeville, de MM. Brazier et Dumersan.
LE NOUVEAU POURCEAUGNAC, vaudeville de MM. Scribe et Poirson.
MANTE, opéra en 3 actes, de M. Planard.
LE SECRÉTAIRE ET LE CUISINIER, vaudeville, de MM. Scribe et Mélesville.
CLOTILDE, drame en 5 actes, de MM. Fréd. Soulié et Adolp. Bossange.
BOURGUEMESTRE DE SAARDAM, v. en 3 actes, de MM. Mélesville et Merle.
LE ROMAN, comédie en 5 actes, en vers de M. Delaville de Mirmont.
LE COIN DE RUE, v. de M. Dumersan.
LE CÉLIBATAIRE ET L'HOMME MARIÉ, comédie en 3 actes, de MM. Waffard et Fulgence.
LA MAISON EN LOTERIE, vaudeville de Picard et Radet.
LES DEUX ANGLAIS, comédie en 3 actes de M. Merville.
LE MARIAGE IMPOSSIBLE, v. en 2 actes de MM. Mélesville et Carmouche.
LA FERME DE BONDI, épisode de l'Empire, vaud. en 4 actes, de Gabriel.

LA CANAILLE,

COMÉDIE-VAUDEVILLE EN TROIS ACTES,

PAR

MM. DUMERSAN ET DUMANOIR,

Représentée pour la première fois, à Paris, sur le théâtre des Variétés, le 6 avril 1839.

DISTRIBUTION DE LA PIÈCE.

PAUL DUMONCEL.	MM. LIONEL.
POLIVET (premier comique).	RÉBARD.
CHAMBÉRY.	VILLARS.
PICPUS dit Belhomme, cureur d'égouts.	ODRY.
MIGNON, son fils, chiffonnier.	ADRIEN-ROUGET.
CLAMPIN, grand gamin.	HYACINTE.
RIBOTTON, charretier.	DUSSERT.
L'INSPECTEUR DU BALAYAGE.	EDOUARD.
SAINFAR.	MAYER.
ROQUET, gratteur de ruisseaux.	Mmes ESTHER.
Mme PICPUS.	FLORE.
OLYMPE, sa fille.	ERNESTINE.
CAMILLE, sa nièce.	OLIVIER.
Mme CHIFFON, marchande à la toilette.	VAUTRIN.
MADELEINE, friturière ambulante.	ALBERTI.

ACCESSOIRES.

UN JOUEUR. }	
CADET, charretier. }	MM. GEORGES.
UN BALAYEUR.	
UN MARCHAND DE MOTTES A BRULER. }	EMMANUEL.
UN MARCHAND D'HABITS.	
UN DOMESTIQUE. }	EMILE
UN COMPERE.	ADOLPHE.
UN DISTILLATEUR.	VICTOR.
UN PETIT GROOM.	OVIGNE.
UNE MARCHANDE DE CHICORÉE.	Mme CHARLES.
UNE MARCHANDE DE POIRES.	AIMÉE.
UNE MARCHANDE DE BAS.	IRMA.
UNE PAYSANNE.	EMMANUEL.

HOMMES ET FEMMES DE LA SOCIÉTÉ, GENS DU PEUPLE, BALAYEURS ET BALAYEUSES.

La place des acteurs est indiquée à chaque scène, le premier à la gauche du public.

ACTE PREMIER.

Un riche salon, meubles élégans; une table de jeu à droite du spectateur; à gauche un piano.

SCÈNE I.

CHAMBÉRY, PLUSIEURS DOMESTIQUES.

CHAMBÉRY, entrant. (Habit noir, décoration étrangère à la boutonnière.)

Comment!.. rien de prêt dans les salons!.. Les domestiques sont d'une négligence!.. plus on en a, moins on est servi. (Il sonne. Les domestiques paraissent.) Arrivez donc, je donne une soirée, et je ne vois point de préparatifs!.. Les bougies dans les flambeaux... les fleurs dans les vases... Il faut donc qu'un maître de maison s'occupe de tous ces détails?..

UN DOMESTIQUE.

Mais, monsieur le baron...

CHAMBÉRY, avec humeur.

Monsieur le baron ! Je suis fort mécontent ! Dites au chef qu'il me faut un excellent souper. Pour la soirée, des glaces et du punch ! du punch très fort. Que l'on mette les chevaux, je ne vais pas tarder à sortir. M. Dumoncel est-il rentré ?

LE DOMESTIQUE.

Je viens d'entendre sa voiture, dans la cour. Le voici lui-même.

SCÈNE II.

CHAMBÉRY, DUMONCEL.

CHAMBÉRY.

Eh ! bonjour, cher ami.. j'attendais votre présence avec l'impatience la plus vive... Où donc avez-vous dîné?

DUMONCEL.

Vous allez vous moquer de moi : j'ai rencontré des compatriotes... des Francs-Comtois, deux maîtres de forges... ils n'ont pas voulu me quitter, et j'ai dîné avec eux, chez un modeste restaurateur.

CHAMBÉRY.

Pourquoi ne pas les avoir amenés ?..

DUMONCEL.

Ah ! monsieur le baron, je n'aurais pas osé... leur costume simple, leurs façons un peu grossières...

CHAMBÉRY.

Est-ce que vous plaisantez ? Des industriels n'ont besoin d'autre recommandation que leur talent et leur capacité.. Est-ce que je suis un aristocrate, moi, baron de l'Empire, qui ai conquis ma noblesse à la pointe de mon épée ?

DUMONCEL.

Je sais combien vous êtes bon !.. vous me le prouvez tous les jours, à moi, que vous connaissez depuis si peu de temps. Arrivé du fond de ma province, combien j'aurais été dépaysé, désorienté dans ce Paris, où je ne connais personne... Vous vous êtes fait mon guide, mon mentor, vous avez voulu absolument que je vinsse loger chez vous, dans votre hôtel... et depuis deux mois, nous ne nous sommes pas quittés deux heures !

CHAMBÉRY.

C'est ainsi que j'ai appris, à vous connaître... ame ardente, caractère loyal... trop franc peut-être... Ah ! dam ! le défaut d'expérience... Prenez garde aux mauvaises liaisons... Paris fourmille d'intrigans !

DUMONCEL.

Je vous ai rencontré, et j'en suis bien heureux !..

CHAMBÉRY.

Ah ! ça, mon ami, il est temps que je vous initie à ce vaste projet de défrichement des Landes, dont je vous ai déjà communiqué le plan...

DUMONCEL.

Vous m'en avez parlé légèrement.

CHAMBÉRY.

Vous n'aviez pas encore ma confiance ; maintenant que je vous connais depuis deux grands mois, que j'ai pris des renseignemens sur vos antécédens... oui, mon ami... pardonnez-moi cette prudence, je connais les hommes, et je m'en méfie. Il faut donc vous dire que l'affaire s'entame avec un capital de trois millions, et qu'il ne tient qu'à vous de tripler votre fortune.

DUMONCEL.

Elle est bien suffisante, je n'ai pas d'ambition.

CHAMBÉRY.

Vous avez tort : vous possédez des talens, vous êtes responsable envers la société de l'emploi que vous en ferez. Riche capitaliste, vous devez appuyer de vos fonds une honorable industrie. En vous enrichissant, vous aurez bien mérité d'une population tout entière... Vous allez créer une contrée nouvelle où votre nom sera en vénération, et vous serez compté parmi les bienfaiteurs de l'humanité.

AIR : En vérité, je vous le dis. *(Bérat.)*

C'est au bien de l'humanité
Que nous consacrons notre vie,
Nous autres, qui dans l'industrie
Dépensons notre activité.
Quel est le but qu'on se propose ?
Je vous le dis, en vérité,
Nous ne voulons pas autre chose
Que le bien de l'humanité.

DUMONCEL.

Sous ce point de vue, j'accepte... on est toujours sûr de me convaincre, quand on s'adresse à mon cœur.

CHAMBÉRY.

Je rassemble aujourd'hui les principaux membres de l'association ; nous signons ce soir : et si cela vous convient... Vous avez votre fortune en portefeuille, n'est-ce pas ?

DUMONCEL.

Oui, puisque j'ai vendu mes forges, réalisé tout l'héritage de mon père... mais le notaire qui m'a fait mon remboursement a voulu garder les fonds.

CHAMBÉRY.

Parbleu, je le crois bien ; ces messieurs font valoir pour eux l'argent de leurs cliens !

DUMONCEL.

Il me disait : Prenez garde aux fripons... comme vous...

CHAMBÉRY.

Hein ?

DUMONCEL.

Comme vous me le disiez tout à l'heure.

CHAMBÉRY.

En effet, mon ami, ne laissez pas vos capitaux entre ses mains... retirez-les bien vite ; aujourd'hui, ce soir, n'ayez confiance qu'en vous-même ?

DUMONCEL.

Et en mes amis. Aussi, mon cher Chambéry, je veux vous consulter sur une autre affaire... Je désire me marier...

ACTE I, SCÈNE III.

CHAMBÉRY.

Vous voyez, mon ami, que je seconde ce projet... les soirées que je donne n'ont pour but que de réunir les concurrentes, parmi lesquelles vous choisirez.

DUMONCEL.

Je suis riche pour deux, et je ne demanderai à ma femme que de l'amour... du bonheur !

CHAMBÉRY.

Je vais encore au devant de vos vœux, en vous offrant de jeunes filles qui ont plus de talent que de fortune,..

DUMONCEL, vivement.

Mlle Camille ?..

CHAMBÉRY.

Non... Camille est d'un naturel timide et modeste qui ne lui permettra jamais d'acquérir de l'éclat. Pauvre orpheline accueillie par sa tante, elle ne peut aspirer à une pareille alliance, tandis que sa cousine Olympe...

DUMONCEL.

Je la crois coquette...

CHAMBÉRY.

Que d'esprit... d'imagination... Une des élèves les plus distinguées du Conservatoire... de la voix, de la méthode... la cadence superbe...

DUMONCEL.

Tout cela est très bien... pour le Grand-Opéra ; mais pour une femme de ménage... Et puis Mlle Camille a aussi des talens.

CHAMBÉRY.

Sans doute, mais Olympe... (Riant.) Vous la verrez ce soir, et elle vous enlèvera votre cœur à la pointe d'une roulade. Vous me promettez de bien l'écouter ?

DUMONCEL.

Oui. (A part.) En regardant l'autre.

(Un domestique se présente.)

CHAMBÉRY.

Qu'est-ce ? déjà du monde ? Introduisez dans le grand salon.

LE DOMESTIQUE, annonçant.

M. Ernest de Présalé !

CHAMBÉRY.

Hein ? comment ? Ernest de...

LE DOMESTIQUE.

C'est le nom que m'a répété un monsieur qui n'a pas de lettre d'invitation.—Allez, m'a-t-il dit, annoncez à M. le baron le retour de son ami, Ernest de Présalé, qu'il n'a pas vu depuis un an.

CHAMBÉRY, à part.

Qu'est-ce que cela signifie ? J'ai beau chercher, je ne devine pas...

DUMONCEL, s'avançant.

Est-ce que vous ne connaîtriez pas ?

CHAMBÉRY, vivement.

Si fait, si fait, parfaitement. (A part.) Oh ! il y a là dessous quelque coup de jarnac !

DUMONCEL.

Vous paraissez inquiet.

CHAMBÉRY.

En aucune façon, je vous jure ; mais j'étais si loin de m'attendre... (A part.) Ne laissons pas entrer, surtout. (Haut.) Pardon, pardon ; je cours au devant. (A part.) Hâtons-nous... (Au moment où il va sortir, Polivet paraît vêtu avec élégance ; il court se jeter dans les bras de Chambéry.)

POLIVET.

Ah ! mon ami !...

CHAMBÉRY, à part.

Ciel ! Polivet ! je suis enfoncé !

(Le domestique sort.)

SCÈNE III.

DUMONCEL, CHAMBÉRY, POLIVET.

POLIVET, avec effusion.

Mon cher Adolphe ! Enfin, après un an de séparation... Ah !.. que je t'embrasse encore... (A Dumoncel.) Pardon, monsieur, si la joie de retrouver ce cher baron... mon ami d'enfance, mon fidèle, mon Pylade... n'est-ce pas, Chambéry ?

CHAMBÉRY, atterré.

D'où sort-il ?

POLIVET.

Oui, monsieur... (S'interrompant.) M. Paul Dumoncel, je crois ?.. reconnu d'emblée, du premier coup. (Recommençant sa phrase.) Oui, monsieur, feu mon père, le comte de Présalé, était du dernier bien avec la douairière de Chambéry : de là notre amitié, qui ne s'est point démentie depuis vingt-cinq ans. N'est-ce pas, Chambéry ?

CHAMBÉRY, à part.

Il sait tout, il a tout appris !..

POLIVET, lui frappant sur le ventre.

Toujours gros et gras ! et nous menons grand train ! un hôtel mirobolant ! Bravo ! baron. Quant à moi, tu sais ; toujours évaporé, toujours folichon, n'est-ce pas, Chambéry ? Aussi, j'ai écorné le patrimoine à papa. Nous sommes tous comme ça, nous autres fils de famille... un tas de chenapans... Soyez plus sage, jeune homme, et laissez-vous guider par ce gaillard-là... (Il lui tape sur le ventre.) Il vous mènera infiniment loin.

CHAMBÉRY, à part.

Allons, de l'aplomb !... (Haut.) Ce cher Ernest ! il arrive à propos pour notre petite fête donnée en l'honneur de l'ami Dumoncel. (Tirant sa montre.) Ah ! mon Dieu ! déjà neuf heures ! (Bas à Dumoncel.) Vous aurez à peine le temps de vous rendre chez le notaire pour y prendre vos fonds...

DUMONCEL.

Si j'attendais à demain ?

CHAMBÉRY, à part.

Diable !.. (Haut.) Impossible ; demain dimanche... ce brave notaire sera à la campagne... Tenez, les chevaux sont à la voiture, profitez-en, et surtout revenez bien vite.

DUMONCEL.

Je ne perds pas un instant.

POLIVET.

Monsieur, enchanté d'avoir entamé votre connaissance.

DUMONCEL.

Mille fois trop bon... (A Chambéry.) Adieu... adieu.

CHAMBÉRY.

Air : J'aime la fermière. (Philtre champenois.)

Revenez bien vite,
Car l'amitié dans ce jour
Ici vous invite
Au nom de l'amour.

ENSEMBLE.

DUMONCEL.

Je reviens bien vite,
Car l'amitié dans ce jour
En ces lieux m'invite
Au nom de l'amour.

POLIVET.

Il revient bien vite,
Car l'amitié dans ce jour
En ces lieux l'invite
Au nom de l'amour.

CHAMBÉRY.

Revenez, etc.

(Dumoncel sort.)

SCÈNE IV.
POLIVET, CHAMBÉRY.

(Chambéry se pose en face de Polivet, et se croise les bras. Polivet en fait autant et le toise du regard.)

POLIVET, d'un ton canaille.

Ah! monsieur mange du melon sans moi! c'est gentil, c'est drôle, c'est caressant.

CHAMBÉRY.

Chut!

POLIVET, continuant.

Je suis associé avec monsieur depuis un temps infini ; nous avons toujours travaillé ensemble, et de compte à demi : monsieur trouve une belle affaire, et sans me rien dire, monsieur travaille le jobard à lui tout seul ?

CHAMBÉRY.

Chut donc!

POLIVET, avec dignité mêlée d'émotion.

Ah! Dodolphe, vous vous comportez d'une manière bien malpropre à mon égard!

CHAMBÉRY.

Enfin, que veux-tu? que demandes-tu?... qu'est-ce qui t'amène?

POLIVET.

Ce qui m'amène, ingrat ? je vais t'en faire l'exposition. Il y a deux mois environ, mon ami Chambéry a rencontré en diligence, sur la grande route, le nommé Paul Dumoncel, riche héritier, qui quittait ses forges de la Franche-Comté pour se faire déniaiser à Paris. Voilà mon Chambéry, homme plein de moyens, qui nous entortille le petit forgeron, en s'instituant baron de Chambéry... bien!...

CHAMBÉRY, à part.

Comment a-t-il découvert!..

POLIVET.

Arrivé dans la capitale des beaux-arts, le baron force son ami à mettre pied à terre dans son hôtel. Qu'est-ce que son hôtel, s'il vous plaît?... un appartement garni, loué mille francs par mois, sous le nom de Paul Dumoncel, le lofard en question... très bien!..

CHAMBÉRY, à part.

D'où sait-il tout cela?...

POLIVET.

On prend un tas de domestiques, on se donne une belle voiture à deux bêtes ; on s'applique des dîners succulens : tout cela porté sur le compte du susdit Paul Dumoncel, déjà nommé... parfait!

CHAMBÉRY, à part.

Il n'ignore rien.

POLIVET.

Un beau jour, quand la farce sera jouée, quand le dindon sera plumé, on lui présentera le mémoire des frais ; et alors la mèche sera éventée : mais comme il faut songer à l'avenir, mon ami le baron se dit : dans un *à parte* fort adroit : « Marions le jeune homme. Donnons-lui pour compagne la jeune Olympe, en lui cachant qu'elle est issue de la mère Picpus, ex-portière, rue de la Grande Truanderie... »

CHAMBÉRY, à part.

Il est sorcier!

POLIVET.

« Cette jeune artiste m'adore, continue de se dire dans son *à parte* l'excellent Chambéry, elle m'est complétement dévouée, et quand mon règne sera fini son empire commencera, autre replumage du dindon. » Délicieux! tout ça me paraît ravissant, et je me félicite d'avoir fréquenté un homme d'esprit, qui devrait être député, ambassadeur, ou membre de l'Institut... section des sciences morales!

CHAMBÉRY.

Mais enfin!...

POLIVET.

Enfin, voilà pourquoi ton cher Polivet s'appelle aujourd'hui Ernest de Présalé, et vient te dire en te pressant dans ses bras : T'as du nanan... m'en faut... t'as découvert un bon oiseau, j'en veux pied ou aile.

Air : Vaudeville de Fanchon.

Le monde, il faut qu'on l'croie,
N'est vraiment qu'un jeu d'oie,
R'nouv'lé des Grecs,
Comme les échecs.
Moi, Grec, je me résume
Une oie à rien n'est bonne ici,
Que quand not' main la plume,
Plumons donc notre ami.

CHAMBÉRY, à part.

Il me tient... jouons serré. (Haut.) Tiens, Polivet, il faut que je t'ouvre mon cœur.

POLIVET.

Ouvre, mon garçon.

CHAMBÉRY.

J'avais là, comme un poids sur la conscience :

oui, il me semblait que dépouiller ce jeune homme sans partager avec toi, c'était mal, c'était un crime ! Mais te voilà ; tu reviens à moi, le pardon à la bouche, et au fond du cœur, n'est-ce pas ?... tiens, prends ma main, unissons-nous de nouveau et pour jamais. (Ils s'embrassent.) (A part.) Je t'enfoncerai, mon gaillard !...

POLIVET, de même.
Tu me le paieras, gredin...

CHAMBÉRY, haut.
Cher ami !...

POLIVET, de même.
Bon camarade !... (Ils se serrent la main.)

UN DOMESTIQUE, annonçant.
Mme Picpus, et Mlle Olympe.

CHAMBÉRY.
Ah ! mon Dieu !

POLIVET, à part.
Bon !...

SCÈNE V.

OLYMPE en blanc, mantelet noir, chapeau, POLIVET, Mme PICPUS, CHAMBÉRY.

Mme PICPUS, mise commune et à prétention.
Salut, la compagnie, c'est moi et ma fille. Bien le bonsoir, messieurs et dames...

CHAMBÉRY.
Bonjour, chère Olympe ; mais pourquoi donc amener votre mère ?

Mme PICPUS.
C'est moi qu'a voulu venir moi-même.

OLYMPE.
Je n'ai pas pu l'en empêcher, ma mère est si despote, si tyranne !...

Mme PICPUS.
Je crois bien : il se préméditait des choses qui me déplait. Je ne suis qu'une faible femme ; mais quand il s'agit de l'honneur de ma fille unique !...

POLIVET.
Unique, c'est le mot.

Mme PICPUS.
Ah ! M. Polivet... (elle le salue) oh !... que vous êtes bien mis,... oh ! les jolis vêtemens... c'est simple et c'est riche, c'est y au Temple que vous avez eu ça ?

CHAMBÉRY.
Dites-nous donc ce qui vous amène, madame Picpus ?...

Mme PICPUS.
Les mœurs en personne. Ma fille est professeuse ; elle vient ici faire de la musique chez un Monsieur, jouer du pianot à ses concerts : jusque-là, bien, les cachets sont payés religieusement ; je retire le fruit des sacrifices que j'ai faites pour l'éducation de mon enfant.

POLIVET.
C'est une justice à vous rendre.

OLYMPE, avec sentiment.
En soutenant ma mère, je paie la dette de la nature !.. (Elle passe entre Polivet et sa mère.)

Mme PICPUS.
Oh ! oui, que c'est bien la voix de la nature qui te dit : Donne tes vieux chapeaux à ta mère : donnes-y des robes ouatées, à cette bonne mère, qui t'a connue si jeune...(A Polivet.) C'est moi qu'a bercé ses jeunes ans, monsieur Polivet... (Changeant de ton.) Ah !.. Dieu !... que vous êtes bien ficelé !..

CHAMBÉRY, impatienté.
Mais, madame Picpus...

OLYMPE.
Ma mère, vous êtes dans le monde !...

Mme PICPUS.
Je reviens à la chose... (A part, regardant Polivet.) Il est bien couvert... (Haut.) Il m'est venu par ma fille, que le monsieur d'ici avait jeté en l'air des propos de passion...

OLYMPE, l'interrompant.
De mariage, ma mère ! d'union légitime.

Mme PICPUS sans écouter.
C'est indécent !

POLIVET.
Le mariage ?...

Mme PICPUS.
Non... les propos... et quand il s'agit d'un établissement pour une jeunesse, c'est les parents qui doit recevoir les paroles dictées par des intentions légitimistes...

CHAMBÉRY.
Et vous croyez que M. Dumoncel ?...

Mme PICPUS.
Pourquoi pas ? vous-même vous aviez parlé de mariage à ma fille ; mais vous n'en finissez pas : la jeunesse file avec toutes ces belles promesses-là ! comme la mienne à filé. Ah ! ma folle jeunesse ! où es-tu ?

POLIVET.
Elle est loin d'ici, votre folle jeunesse, si elle galope toujours.

OLYMPE.
Ma mère, M. Chambéry est un indélicat : j'avoue que j'ai palpité pour lui autant qu'une élève du Conservatoire peut palpiter pour un homme qui n'a pas d'oreille : mais j'ai bien vu que la bourse est incohérente avec les beaux-arts, et que l'homme de la spéculation ne peut pas comprendre la femme de l'harmonie.

Air : Faut l'oublier.
L'élève du Conservatoire,
A des princip's assurément ;
Mais il lui faut du sentiment
Pour bien chanter : on doit le croire.
Aux leçons de son professeur
La mesur' n'est pas accessoire ;
Elle sait conserver l'honneur ;
(Avec sentiment.)
Mais l'élèv' du Conservatoire,
Ne sait pas conserver son cœur.

CHAMBÉRY.
Olympe, si vous croyez que Dumoncel vous

convienne mieux que moi, je sacrifierai mon amour à votre fortune. Il y a aujourd'hui un concert, un raout, une réunion, qui doit avoir les plus grands résultats ; Dumoncel y sera ; venez-y; brillez, triomphez! mais que Mme Picpus ne revienne pas.

Mme PICPUS, s'asseyant près du piano.

Non ; mais je reste. Croyez-vous que je ne sais pas me tenir dans la société ?...

CHAMBÉRY.

Mais, ma chère, il vous échappe des cuirs funestes !

Mme PICPUS.

Je vous promets de ne pas en lâcher un seul.

POLIVET.

Elle ne dira pas un mot.

OLYMPE.

Je respecte ma mère, quoique son éducation ait été négligée... mais elle ferait bien mieux de rester à la maison... Reste à la maison, bonne mère, tu liras le *Musée des familles*, et tu cultiveras tes serins.

POLIVET, à part.

Qui diable a inventé cette mère-là ?.. ça devrait être défendu....

OLYMPE.

Puisque vous avez un bal, une soirée, je vais chercher de la musique, des romances.

POLIVET, à Olympe, sans que Chambéry l'entende.

Prenez la voiture, allez vous mettre sous les armes, et revenez avec votre cousine... c'est essentiel.

OLYMPE.

Ma cousine... pourquoi donc ?

POLIVET.

Vous ne m'entendez pas, jeune aveugle !.. Camille est moins chiquée que vous, elle vous servira de repoussoir.

CHAMBÉRY à Olympe.

Qu'est-ce qu'il vous dit donc ?

OLYMPE, sans l'écouter.

Dieu ! qu'une artiste a de peine à s'établir quand elle n'a pour dot que de courir le cachet !!!..

POLIVET.

AIR : Vaud. de Gille en deuil.

Prenez la voitur' tout de suite,
Et vous reviendrez promptement,
Si les chevaux vont aussi vite
Que chez vous va le sentiment.
Il ne faut pas que l'on s'arrête
Quand on court après du quibus ;
En pareil cas, il serait bête
De monter dans les omnibus.

ENSEMBLE.

Prenez la voiture, etc.
Je prends la voiture, etc.   (Elle sort.)

SCÈNE VI.

POLIVET, CHAMBÉRY, Mme PICPUS.

CHAMBÉRY à Mme Picpus.

Décidément, vous voulez rester ? vous détruirez toute l'illusion.

Mme PICPUS.

Ah ! monsieur Chambéry, que vous êtes embêtant !.. Je mettrai du fard, et je tiendrai mon œil en coulisse.

POLIVET.

Et puis, le Dumoncel n'est pas fort, nous lui donnerons la mère Picpus pour la veuve d'un guerrier... pour une Française du temps de l'empire.

CHAMBÉRY.

Ah ! ça, j'ai réuni tous nos amis pour ce soir...

POLIVET.

Tu as promis de les payer, ils ne pouvaient pas manquer à l'appel...

CHAMBÉRY, à part.

Il sait tout ! (Haut.) Je vais encore leur donner mes instructions. (A part.) Polivet veut me jouer un pion, je vais le damer. En avant les grands moyens ! Heureusement, j'ai là les amis nécessaires. (Menaçant de loin Polivet.) Enfoncé dans le troisième dessous, toi, là bas !..

POLIVET, se retournant.

Hein ?..

CHAMBÉRY, lui prenant la main.

Cher ami !

POLIVET, de même.

Bon camarade !

(Chambéry sort.)

SCÈNE VII.

POLIVET, Mme PICPUS.

POLIVET, faisant lever Mme Picpus et l'amenant sur le devant de la scène.

A nous deux, madame Picpus... et chaud, là !.. comme s'il en pleuvait... Ça vous est parfaitement égal que le Dumoncel épouse votre fille, ou votre nièce ?..

Mme PICPUS.

En voilà une dure ! Je ne peux pas avoir pour ma nièce le même amour maternel que pour ma fille !..

POLIVET.

Mais Camille vous doit tout... vous avez nourri son enfance, habillé sa jeunesse ! Si elle fait fortune, elle aura une reconnaissance parfaite !

Mme PICPUS, marchant.

Comme je danse.

POLIVET.

Laissez-moi faire : j'arrangerai les choses de façon que vous aurez part au gâteau.

Mme PICPUS, de même.

Vous me ferez faire une brioche.

POLIVET.

C'est vous qui serez censée la doter, et quand nous tiendrons les fonds...

Mme PICPUS.

Vous m'enfoncerez !

POLIVET.

Vous allez nous faire manquer une affaire d'or..

Mme PICPUS, *passant à gauche.*
Je m'en bats l'œil !

POLIVET.
Eh! bien, lions nos intérêts; tenez, je suis capable de tout! Je vous épouserai si vous voulez?

Mme PICPUS.
Moi!

POLIVET, *la caressant.*
Elle est encore très gentille, c'te pauvre p'tite Picpus... (*Lui prenant le menton.*) Que n'avons donc là?..

Mme PICPUS, *noblement.*
Finissez, polisson!

POLIVET.
Eh ben? ça y est-il? un maire, un fiacre, et du fricot. Le tour est fait.

Mme PICPUS.
Est-ce que je peux? je n'ai pas le bonheur d'être veufe.

POLIVET.
Hein?

Mme PICPUS.
Monsieur Picpus est vivant : quoique nous ne vivons pas ensemble. Ce vilain homme a des mœurs populacières qui ne correspondent pas aux miens.

POLIVET.
Comment! il y a un monsieur Picpus sur le globe?

Mme PICPUS.
Original du faubourg Saint-Antoine, un ivrogne, un biberon qui ne quitte le cabaret que pour venir me demander de l'argent.

POLIVET.
Et quel état exerce-t-il?...

Mme PICPUS.
Depuis que nous avons abjuré notre loge de portier, il s'est fait raccommodeur de faïence et marchand de peaux de lapin. Du reste, ancien militaire, ci-devant tambour de la garde nationale!

POLIVET.
Ah! diable!!!..

Mme PICPUS.
Vous sentez bien que je ne peux pas frayer avec une espèce pareille, moi, que ma fille est artiste.

POLIVET, *la faisant rasseoir.*
Voilà du monde, taisez-vous.

Mme PICPUS.
Je me tairai si ça .eut.

SCÈNE VIII.

LES MÊMES, SAINFAR, PLUSIEURS HOMMES.

SAINFAR.
Où donc est Chambéry?... c'est aujourd'hui qu'il doit nous payer...

POLIVET.
Oui, c'est pour cela qu'il donne cette fête... Vous n'êtes point des créanciers, vous êtes des hommes aimables, des hommes d'affaires. Vous allez danser, jouer, souper; mais, ne vous grisez pas, et ne jabotez pas trop : le pigeon n'est pas loin, il pourrait nous entendre.

SAINFAR.
Cependant, il faudrait...

SCÈNE IX.

LES MÊMES, CHAMBÉRY, *au milieu.*

CHAMBÉRY, *avec force.*
Il faudrait vous taire (*plus doucement*) et croire à ma loyauté, vis-à-vis d'amis aussi estimables que vous...

SAINFAR.
Tu nous promets donc?...

CHAMBÉRY.
Mettez-vous à cette table de jeu.

SAINFAR.
Il y a long-temps que tu nous fais attendre.

CHAMBÉRY.
Les dames vont passer dans ce salon, organisez les contredanses...

SAINFAR.
Mais, c'est que!...

CHAMBÉRY.
Que l'on serve le punch et les glaces. (*A part, à Sainfar.*) Toi, tu sais le rôle que je te destine. (*Il lui parle bas.*)

POLIVET, *à part.*
Qu'est-ce qu'il machine donc?...

CHAMBÉRY.
Tu vois que je me livre à toi!...

SAINFAR.
Ça suffit. (*Il sort.*)

SCÈNE X.

LES MÊMES, OLYMPE, CAMILLE *en toilette de soirée*, DES HOMMES, ET PLUSIEURS DAMES EN TOILETTE.

CHAMBÉRY.
Voici les dames... Messieurs, soyez galants!...

AIR : du Domino Noir (2e acte).
(*Réveillons, réveillons.*)

Le plaisir en ces lieux
Toujours nous appelle,
Écoutez (*bis*) ce signal joyeux!
Qu'à l'appel du plaisir
Chacun soit fidèle,
Et qu'on s'empresse d'accourir.

CHAMBÉRY *à Olympe et Camille.*
Ah! venez, venez donc, mesdames,
Pour charmer ici les yeux et les cœurs...
Car, hélas! un salon sans femmes
Pour nous est vraiment un jardin sans fleurs.

TOUS.
Au signal joyeux du plaisir (*bis.*)
Que l'on s'empresse d'accourir.

CHAMBÉRY.
Mademoiselle Olympe!... on brûle de vous entendre...

POLIVET, à part.
Je t'empêcherai bien de chanter, toi!
OLYMPE.
Où donc est monsieur Dumoncel?..
CHAMBÉRY.
Il ne va pas tarder : mettez-vous au piano... (Bas à Olympe.) Il est important que vous brilliez ce soir.
POLIVET, à Camille, sur le devant à gauche.
Mademoiselle Camille, si vous m'en croyez, votre fortune est bâclée en deux temps.
CAMILLE.
Que voulez-vous dire?..
POLIVET.
Fiez-vous à Polivet.
CAMILLE.
Est-ce qu'enfin vous m'avez obtenu ce début que vous me promettez depuis si long-temps?...
POLIVET.
Oui : quelqu'un est ici, qui vous verra danser. Il s'agit de déployer tout ce que vous avez de gracieux.
CHAMBÉRY, à Camille.
Que vous dit l'ami Polivet?..
POLIVET.
Je lui donne des conseils paternels...
CHAMBÉRY, lui serrant la main.
Cher ami!...
POLIVET, de même.
Bon camarade!...

ooooooooooooooooooooooooooooooooooooooo

SCÈNE XI.

Les Mêmes, DUMONCEL.

UN DOMESTIQUE, annonçant.
Monsieur Dumoncel!...
CHAMBÉRY.
Eh! ce cher ami! arrivez donc... tout languit en votre absence...
DUMONCEL.
Je viens de chez mon notaire. (Il salue.) Mesdames... (à Olympe) Mademoiselle... ah! bonjour, mademoiselle Camille? (Il va près d'elle.)
CAMILLE, timidement.
Vous faites donc attention à moi, aujourd'hui?...
DUMONCEL.
Quel reproche!... est-ce bien à moi!... (Il continue à lui parler bas.)
OLYMPE, à Chambéry.
Comme il parle à Camille!...
CHAMBÉRY.
Chut!... Mademoiselle Olympe va nous chanter une romance inédite de sa composition. (Il la prend par la main, et la conduit au piano. Polivet profite de ce mouvement; il enlève adroitement le rouleau de musique que Mme Picpus a mis sous son bras quand Olympe est entrée, et le met dans sa poche.)
POLIVET, à part.
Voilà ce que c'est... (Haut.) Chut!... chut!... écoutez, la romance est inédite...

OLYMPE, cherchant.
Eh bien! où est donc ma musique?... qu'est-ce que j'ai fait de ma musique, je ne l'ai plus, on me l'a prise!... maman!...
Mme PICPUS, se levant et criant.
On a volé ma fille!... il n'y a donc plus de loi... il n'y a donc plus de sergens de ville?...
CHAMBÉRY, bas.
Silence donc!...
OLYMPE.
Je suis exaspérée.
Mme PICPUS.
Ont-ils pris aussi ton mouchoir brodé?... non, je l'entrevois...
DUMONCEL, étonné.
Cette dame?...
POLIVET, bas.
Est sa mère... elle est drôle, n'est-ce pas?... (A Mme Picpus.) Monsieur vous salue.
Mme PICPUS, saluant.
Ah! monsieur!... comment donc?... mais certainement...
CHAMBÉRY, bas à Mme Picpus.
Taisez-vous donc!... (A Dumoncel.) C'est la veuve d'un brave!
Mme PICPUS.
Oui, monsieur, tué au passage de la Térésina, où ce qu'il a eu les pieds gelés, et le nez aussi.
CHAMBÉRY.
Messieurs, prenez donc du punch!...
(Les domestiques apportent des plateaux.)
Mme PICPUS.
Ah! du ponge!... donnez-moi-z-en un petit verre, monsieur le garçon... par ici...
DUMONCEL, surpris.
Quel langage!..
POLIVET.
Elle est excentrique, hein?... Type de vivandière...
CHAMBÉRY, à Dumoncel.
Elle a suivi son mari dans les camps... Prenez donc du punch, Dumoncel. (Il lui offre et boit avec lui.) Des glaces, mesdames...
Mme PICPUS.
Donnez-moi aussi de la glace... ça me rappelle la campagne de Russie!... (Bas à Chambéry.) Hein? que c'est adroit!..
CHAMBÉRY.
Vous êtes stupide. (A Dumoncel.) Encore un verre de punch... (Ils boivent.) Venez donc jouer, voilà une place vacante...
POLIVET.
Les dames voudraient danser!..
DUMONCEL.
Moi, je suis pour la danse. (Allant à Camille.) Mademoiselle, voulez-vous m'accepter pour cavalier...
CAMILLE.
Avec plaisir, monsieur.
POLIVET.
Comment!.. une simple contredanse!.. vous,

ACTE I, SCÈNE XIII.

l'espoir de l'Opéra! La société demande une cachucha... une cracovienne... ou un malapou!..
CHAMBÉRY, bas à Polivet.
Tu le fais donc exprès. (Offrant à boire à Dumoncel.) Un peu de punch, Dumoncel?..
DUMONCEL.
Mais il me monte à la tête... il est d'une force...
Mme PICPUS, criant.
Donnez-moi donc des gâteaux!.. garçon...
CHAMBÉRY.
Sapristie!.. taisez-vous!..
Mme PICPUS.
Je veux aussi danser une contredanse... Dieux!.. comme je dansais sous le grand homme!..
CHAMBÉRY.
Vous danserez après le souper.
Mme PICPUS.
Il y a un souper?.. je me tus. (Elle va s'asseoir près du piano, sur le devant, et s'endort pendant la scène suivante.)
POLIVET.
Mademoiselle Olympe va faire l'orchestre. (Bas.) Le petit adore la musique... vous l'empaumerez.
OLYMPE.
Vous me trompez : il y a quelque chose de louche!..
POLIVET, à Camille.
Voyons, ma Gipsy, dansez... ou plutôt dansons... Oh!.. une idée... la valse de Faust... Je suis un Méphistophélès.
TOUS.
En place!.. en place!.
UN JOUEUR.
Messieurs, est-ce que personne ne parie de ce côté?..
CHAMBÉRY.
Pariez donc, Dumoncel... contre moi... c'est qu'il y a beaucoup d'argent sur table : deux cents louis...
DUMONCEL, riant.
Ah! j'ai de quoi répondre... (Posant son portefeuille sur la table.) Prenez ce qu'il faut.
CHAMBÉRY.
Croyez-vous qu'on en doute?.. Messieurs, n'ouvrez pas ce portefeuille... je réponds de ce qu'il contient...
POLIVET.
Allons donc, la jolie danseuse attend...
(Dumoncel regarde Camille, qui exécute une partie de la valse de Faust avec Polivet, il s'anime, il se passionne.)

SCÈNE XII.
LES MÊMES, SAINFAR, en officier de paix, avec une écharpe bleue, suivi de plusieurs hommes.

SAINFAR, entrant par le fond.
Qu'on ferme toutes les portes.— Il y a ici un jeu clandestin!.. (Tout le monde se lève en tumulte.)
CHAMBÉRY, à part.
Bravo!.. (Haut.) Messieurs!..
TOUS, effrayés.
Qu'est-ce que cela veut dire?..
Mme PICPUS, criant.
Ah!.. mon Dieu!.. ils m'ont réveillée en cerceau!.. (Sainfar et Chambéry soufflent toutes les bougies. On baisse la rampe à demi.)
SAINFAR.
Je saisis tout ce qu'il y a sur cette table!..
POLIVET, à part sur le devant.
C'est ce gredin de Sainfar!..
DUMONCEL, surpris, et étourdi par le punch.
Messieurs!..
(Tous fuient en désordre et sortent par les portes de côté.)
(Musique jusqu'à la fin.)
POLIVET, à part.
Ils emportent le portefeuille, suivons-les... (Il veut sortir, on le bouscule, et on sort en lui fermant la porte au nez.)

SCÈNE XIII.
DUMONCEL, POLIVET, CAMILLE.

POLIVET.
Ah!.. scélérat de Chambéry!... (A Dumoncel.) Jeune homme!.. vous êtes floué... ce sont des voleurs...
DUMONCEL et CAMILLE, stupéfaits.
Des voleurs!..
POLIVET.
Tâchons de les rattraper. (Il court à la porte du fond.) Dieu!.. des vrais gendarmes!.. un vrai commissaire!.. sauve qui peut! (Il s'élance par une fenêtre et disparaît; Dumoncel tout étourdi est tombé sur un canapé ; Camille accourt près de lui comme pour le secourir.)
Le rideau baisse.

LA CANAILLE.

ACTE SECOND.

Le théâtre représente une rue, à laquelle aboutissent deux autres rues venant de droite et de gauche. A gauche au premier plan, une boutique de distillateur; à droite au premier plan, une boutique de boulanger devant laquelle est un banc de pierre. En retour, une borne en saillie. Sur le devant, l'ouverture d'un puisard duquel sort une échelle dont on ne voit que l'extrémité; à côté, le couvercle en fonte du puisard. Au lever du rideau il fait petit jour.

SCÈNE I.

CLAMPIN, CAMILLE, en balayeuse, BALAYEURS et BALAYEUSES venant du fond à droite. Ensuite L'INSPECTEUR, la canne à la main. Les balayeurs, parmi lesquels sont Clampin et Camille, arrivent sur deux rangs, tout en balayant sur le devant de la scène.

CHOEUR.

Air du Maçon.

Balayons, balayons,
Du courage
A l'ouvrage!
Balayons, balayons :
L'amour propr' nous engage.
Balayons (bis),
Qu' les pavés r'luis'nt comme des lampions.

L'INSPECTEUR, entrant.

Allons donc, faignans, plus vivement : balayez-moi cette rue comme il faut. M. le préfet tient au nettoyage de la capitale : rien ne prouve la civilisation comme la propreté des rues. Les tombereaux arrivent à sept heures ; que les tas soient bien faits : rien ne prouve la civilisation comme des tas de boue bien propres. (Il s'approche du puisard et se penche en criant.) Ohé! là-dessous!.. y êtes-vous les récureurs?

UNE VOIX DE DESSOUS, avec un cri prolongé.

Ohé!.. hioup!

L'INSPECTEUR.

L'ouvrage va à l'intérieur comme à la surface. V'là l'échelle qui conduit dans ces magnifiques souterrains, commencés sous le grand homme! On parlera de lui tant qu'il y aura des bornes-fontaine. (Aux balayeurs.) Continuez activement : je vais inspecter les autres et je vous rejoins. (Dès que l'inspecteur est sorti, les balayeurs cessent de travailler.)

SCÈNE II.

LES MÊMES, hors L'INSPECTEUR.

CAMILLE, sur le devant à droite, mise pauvrement, mais avec propreté, s'arrêtant et s'appuyant sur son balai.

Quel métier, mon Dieu!.. et pourtant, c'est moi qui l'ai voulu, c'est moi qui ai mieux aimé me condamner à un pareil travail, que de devenir ce qu'ils me conseillaient. C'est égal, c'est bien cruel!

UN BALAYEUR.

Dites donc, vous, gagnez donc vos vingt sous.

CLAMPIN, qui s'était approché de Camille, se met entre elle et lui.

Qué que ça te fait, à toi, pourvu qu'on te paie tes tiens ?

LE BALAYEUR.

Est-ce que je dois faire son ouvrage ?

CLAMPIN.

Si je veux la faire, moi?.. Je balaie pour deux, et si tu desserres les quenottes, je te balaierai les épaules, entends-tu, Brin-d'Amour? (Il lève son balai.)

LE BALAYEUR.

Je le dirai à l'inspecteur.

CLAMPIN.

T'es donc un mouchard ?

CAMILLE, balayant.

Vous voyez bien que je travaille.

CLAMPIN, s'approchant d'elle.

Oui; mais on s'aperçoit que vous n'avez pas été faite pour cet état-là... vous avez un genre comme il faut, peu répandu dans nos fonctions... Je parie que vous avez été établie... marchande de légumes ou des quatre saisons.

CAMILLE.

On ne m'avait appris qu'un état inutile et dangereux... Je ne sais pas travailler, il faut vivre, et je me suis décidée...

CLAMPIN.

Il n'y a pas de mal : je le fais bien, moi; mais quand la matinée est finie, j'exerce une autre industrie : j'ouvre les portières des voitures, au passage des Panoramas, et il me pleut des pièces de deux sous, quelquefois des blanches. J'ai encore une ressource qui est dans mes moyens : quand il y a des pantomines à grand spectacle aux Funambules, j'y fais les comparses à trente centimes par soirée, et j'ai l'agrément de voir Debureau pour rien, à l'œil... c'est ça qu'est chouette!.. Si vous voulez, ma camarade, je vous mènerai ce soir au spectaque.

CAMILLE.

Merci : le soir, je ne sors pas.

CLAMPIN.

Peut-être que vous n'avez pas de quoi vous mettre : mais à l'amphithéâtre des troisièmes, on ne se met pas. Jamais de cachemires, aux troisièmes.

CAMILLE, soupirant.

Ah!.. si je savais l'adresse de mon oncle !

CLAMPIN.

Vous possédez un oncle! C'est pas mauvais : moi, je suis né sans père ni mère. (Il balaie.)

CAMILLE, à part.

Le pauvre garçon me défend, me protège. Il vient à mon aide quand mes forces me trahissent! Sans lui je ne gagnerais pas toujours ce salaire de trente sous par jour, qui m'est si précieux depuis que je le partage avec celui qui est encore plus malheureux que moi!

CLAMPIN, la regardant de loin.

Elle a l'air d'avoir des peines de cœur, qui l'affligent intérieurement.

CAMILLE.

Oh! je ne puis oublier un instant cette fatale soirée, ce bal qui s'est terminé si tristement. Trompé, trahi par eux tous, je l'ai vu arrêter, traîner en prison. Et ce que j'ai souffert en ce moment, m'a appris combien je l'aimais déjà! Pauvre jeune homme!

CLAMPIN.

Elle pleure!.. Vous pleurez?..

SCÈNE III.
LES MÊMES, MIGNON.

MIGNON, venant de gauche, portant une hotte de chiffonnier et le crochet à la main.

Allons bon! v'là mes ennemis! ils ne peuvent pas laisser les ordures tranquilles! Il n'y a rien à récolter après eux. (Il étale avec son crochet un tas de paperasses et de chiffons.) Heureusement qu'ils n'en sont pas encore à la marchande de modes.

CLAMPIN.

Eh! dis donc, toi, chiffonnier, veux-tu pas déranger l'ouvrage, et ressalir ce qu'on a rapproprié.

MIGNON.

Laisse donc! ce n'est pas de la marchandise à tombereau : c'est trop délicat pour vous, ces rognures-là, c'est tout soie et tout calicot. Ça fera du papier vélin, première qualité.

CLAMPIN.

Tu fais du papier avec ça, toi?

MIGNON.

Vous n'avez pas de littérature; vous ne connaissez pas les procédés de l'industrie... Et ces os-là!.. Dieu! y a-t-il de la gélatine la dedans!.. qué bon bouillon ça fera.

CLAMPIN, en tirant un du petit sac qui tient à la hotte de Mignon.

Tu fais ton pot-au-feu avec ça? ton bouillon doit être joliment aveugle : on aura de la peine à lui crever un œil.

MIGNON.

Que la populace est ignorante!..

CLAMPIN.

T'es donc ben savant, toi?

MIGNON.

Certainement... pisque je lis tous les chiffons de papier que je ramasse, avant de les porter au triage. Tiens! en v'là des échantillons. (Les montrant.)

AIR Tenez, moi je suis un bonhomme.

Ça, vois-tu bien, c'est un chapitre
D'un d'nos romans les plus nouveaux.

CLAMPIN.

Et puis, ceux-ci?

MIGNON.

Ça s'voit au titre,
C'est des morceaux de grands journaux.

CLAMPIN.

Qué tas d' chiffons!... jett' ça ben vite :
Ça n'vaut pas l'sou.

MIGNON.

Oui, maintenant ;
Mais ça retrouv' son prix tout d'suite,
En redev'nant du papier blanc...
Ça va r'trouver son prix tout d'suite
En redev'nant du papier blanc.

SCÈNE IV.
LES MÊMES, L'INSPECTEUR.

UN BALAYEUR, accourant.

M: l'inspecteur! (Tous se remettent à travailler.)

L'INSPECTEUR.

Allons!.. ça doit être fini... Rangez-vous! nous allons partir.

CLAMPIN, à Camille.

Ma camarade... voulez-vous que je me charge de vot' balai?

CAMILLE.

Non, monsieur, je vous remercie.

CLAMPIN, à part.

Cette jeunesse a une fierté qui me captive...

L'INSPECTEUR.

Portez armes et en avant marche!

CHOEUR DES BALAYEURS.

AIR : du Maçon.

Balayons, etc.

(Sur le chœur ils défilent tous portant leurs balais sur l'épaule et disparaissent.)

SCÈNE V.
MIGNON, puis ROQUET, petite blouse et casquette.

MIGNON, reparaissant.

Les v'là partis, ces antropotages de chiffons! Mais ils ont tout nettoyé. Ils m'ont enlevé mon pain... (Criant.) Vous m'ôtez le pain de la bouche, tas de propr' à rien!..

ROQUET arrive de droite, une jatte à la main, grattant le ruisseau et chantant.

Air : Que Pantin serait content.

Dans dix ans nous mang'rons tout,
Les p'tits clous et les broquettes ;
Dans dix ans nous mang'rons tout,
Les broquettes et les p'tits clous.

MIGNON.

Tiens, te v'là, Roquet!

ROQUET.

Ah! c'est Mignon!.. avec un cachemire d'osier!

MIGNON.

Et toi, avec une latte... est-ce que tu joues les arlequins?

ROQUET.

Non, je travaille.

MIGNON.

Et moi aussi, comme tu vois.

ROQUET.

Je me suis rangé... Je m'embêtais de jouer toute la journée sur le boulevard du Gymnase au bouchon et au cochonnet. Je perdais un tas de gros sous et ça ne me rapportait pas un liard.

MIGNON.

Tiens, comme moi.

ROQUET.

J'mai dit : *ut!* j'ai quinze ans, me v'là z'homme...

MIGNON.

Homme, toi? Pas encore tout-à-fait. Au lieu que moi, je jouis de mes vingt ans... je vas tirer à la conscription ces jours-ici.

ROQUET.

Et puis, ma mère me battait comme un plâtre, en me tenant des discours dictés par la morale et la tendresse : « *Quoique t'es, méchant drôle?... un gamin de Paris!!* »

MIGNON.

Toujours comme moi, excepté que celui qui me rossait, c'était l'autre auteur de mes jours.

ROQUET.

Ton père? ah! oui, M. Belhomme, le récureur d'égouts; il fait là un drôle d'état!

MIGNON.

Des goûts et des couleurs, il ne faut pas disputer; mais *Belhomme* n'est pas son nom naturel; c'est un sobriquet que lui a donné les autres.

ROQUET.

Oui, à cause qu'il est vilain.

MIGNON, lui tapant sur la tête et faisant tomber sa casquette.

Va donc, moutard!.. Tu insultes le physique de mes aïeux!

ROQUET, ramassant sa casquette.

Fais donc attention, tu fanes ma coiffure. Continue, Mignon.

MIGNON.

Il s'appelle de son nom de famille, M. Picpus.

ROQUET.

Et ta mère?

MIGNON.

C'te bêtise! elle s'intitule comme mon père, mame Picpus, femme légitime et majeure. (Confidentiellement.) Mais ils ne sont plus ensemble... désunis à l'amiable pour incomptabilité d'humeur.

ROQUET.

Bah! le ménage est disloqué?

MIGNON.

C'est la source de mes malheurs de famille... car, tel que tu me vois, j'ai été bien élevé... Mon enfance s'est écoulée au sein de l'opulence, dans une loge de portier, rue de la Grande-Truanderie... Mais mon père buvait... ah! Seigneur Dieu!... c'est-à-dire qu'il n'y a pas d'entonnoir pour jouer ce jeu-là avec lui... et quand il était imbibé, il se servait envers son épouse de voies de faits analogues, qui la contrariaient, c'te femme.

ROQUET.

Il lui faisait des bleus... connu!

MIGNON.

Elle, c'était une autre genre; elle était pétrie d'ambition, pétrie, quoi! Aussi, elle voulait que ma sœur soie artisse, ma sœur Olympe! Et quand elle a vu sa fille lancée dans les arts, elle a lâché le cordon qu'elle tenait depuis vingt-deux ans, et elle a loué deux chambres dans la maison... Oh! mais rupin!.. papier à quinze, s'il vous plait; paillasson à la porte, un luxe à faire frémir... V'là donc mon père seul dans sa loge, comme Robinson Crusoé chez les sauvages. Alors, cet homme veuve s'est jeté corps et âme dans le commerce des peaux de lapin... mais comme cette fourrure ne produisait pas beaucoup, un ami qui le protégeait l'a fait incorporer dans le régiment des bottes fortes, et il se promène dans des galeries... (Lui montrant l'ouverture du puisard.) Tiens, des galeries qui sont plus longues que celles du Muséum.

ROQUET.

C'est gentil... mais moi, j'aime la clairté, j'exploite les ruisseaux.

MIGNON.

Est-ce une bonne ouvrage?

ROQUET.

Oui, quand il a plu.

Air : du Fleuve de la vie.

On y trouv' des fers de charrette,
On y trouve de jolis clous,
Des restes d'souliers à paillettes,
Et queq'fois des pièces de deux sous.

MIGNON.

D'fair' ton état tu m'donn' envie...

ROQUET.

J't'e réponds qu'on vit aux oiseaux,
En descendant, l'long des ruisseaux,
Le fleuve de la vie.

ENSEMBLE.

En descendant, etc.

(Ils dansent sur la ritournelle.)

MIGNON.

J'ai aussi de la chance dans ma partie. Il y a des fois de biens jolis chiffons, et même des foulards.

ROQUET.

Et pis, c'est un état libre.

MIGNON, gaîment.

Tu parles bien, Roquet... Vive la liberté!

ROQUET.

J'ai gagné hier six ronds. Veux-tu entrer chez le distillateur? nous boirons la goutte et nous fumerons une cigale, comme les messieurs des boulevarts. C'est moi qui régale.

MIGNON.

Ça me botte. (Criant.) Hé! père Lagoutte, deux petits verres de camphre.

ROQUET, criant.

Deux verres d'eau d'aff.

(Ils entrent chez le distillateur.)

SCÈNE VI.

Plusieurs passans traversent la rue, quelques-uns s'arrêtent; des marchands ambulans circulent. Puis arrive POLIVET, en habit râpé, qui établit une boîte portative sur un pliant; ensuite Mme PICPUS en bonnet et camisole; ROQUET et MIGNON sur la porte du distillateur.

UNE MARCHANDE, portant son éventaire et criant.

Voyez, voyez, mon beau restant de chicorée!

UNE AUTRE.

Les anglaises à deux sous le tas!

MADELEINE, portant une poêle et un fourneau sur son éventaire.

La friture qu'embaume!

UN MARCHAND D'HABITS.

Chand d'habits! habits! vieux galons!

UN AUTRE, avec une hotte.

Des mott' à brûler! des mottes!

Mme CHIFFON, ayant sur sa tête plusieurs chapeaux de femme, et sur les bras plusieurs robes, et criant.

Chapeaux à vendre! des vieux chiffons! des vieux chiff... des vieux chap...

Mme PICPUS, elle cache un chapeau dans son tablier.

(Elle arrive sur le devant avec une fureur tragique et concentrée.) Oh! scélérat, gueux, brigand, savoyard, cocodrille de Chambéry!... Ah! si jamais je te rencontre, je te plonge mes dix ongles dans les prunelles!.. entends-tu, scélérat, gueux, brigand, savoyard, croco... (Se calmant tout à coup.) Plus un sou à la maison... réduite à me dépouiller de mes objets de parure!.. Le dernier chapeau qui me restait pour abriter mes cheveux blancs!.. (Pleurant.) Quécoquin de sort!... (Elle s'essuie les yeux.)

Mme CHIFFON,

V'là la marchande de chiffons. Vieux chiffons à vendre.

Mme PICPUS,

Dites-donc, marchande à la toilette?

Mme CHIFFON, approchant.

Qu'est-ce qu'il vous faut, ma petite mère?.. un joli chapeau?.. celui-ci n'a été porté qu'un mois.— Pas cher: — Vous aurez ça pour cent sous et ça vous fera l'honneur d'un chapeau de vingt-cinq francs.

Mme PICPUS.

Vous n'y êtes pas, la marchande, je voudrais vendre celui là. (Elle le lui montre.)

Mme CHIFFON.

C'est différent. — Je vous en donne trente sous.

Mme PICPUS.

Trente sous!.. un article qui a été payé cinquante francs place de la Bourse!

Mme CHIFFON.

Ça? — Je m'y connais. — C'est de la pacotille.

Mme PICPUS.

Sapristi!.. la marchande, pas de gros mots.

Mme CHIFFON.

Voulez-vous quarante sous?

Mme PICPUS, fièrement.

Jamais!.. (Se ravisant.) Donnez-les, j'en ai besoin. Vous profitez de la panne des autres... Ah! fi, madame! c'est bien petit, c'est bien plat, c'est bien indigne du sexe tendre et sensible dont vous avez fait partie autrefois. Quarante sous!..

MADELEINE, qui s'est approchée.

Dites donc, hé! la chicorée!.. v'là une dame qui cherche de la salade. Par là madame, tournez à gauche, et la deuxième à droite. (Riant.) Est-elle enfoncée la vieille!

TOUS, riant.

Hé! la vieille!

Mme PICPUS.

La vieille! parce que le malheur a blanchi mes cheveux... je vais les faire teindre!

POLIVET criant, il est au deuxième plan à droite.

Tenez, tenez, messieurs... quand on dit qu'on donne à l'acquéreur les pièces qu'on vend journellement quinze et vingt-cinq; les ciseaux fins de Moulins, les couteaux de Châtellerault, les savonnettes de Grasse, les tire-bouchons de Montmirail, les semelles en crins de Vienne, pour garantir de l'humidité; tenez messieurs, une jolie montre en or à répétition, le mouvement en racine de buis.

Mme PICPUS, s'arrêtant.

Voilà une voix que j'ai vue quelque part.

POLIVET, criant.

Messieurs... des chaînes de sûreté à vingt-neuf sous... la sûreté des montres, c'est l'ouvrage des pauvres prisonniers...

Mme PICPUS, regardant de loin.

Ah! mon Dieu!.. c'est l'autre... c'est Polivet!.. qui est dégommé comme moi!.. tâchons qu'il n'aperçoive pas mon humiliation! (Elle sort en reprenant:) Oh! scélérat! gueux! brigand, savoyard, crocodril... (On ne l'entend plus.)

POLIVET, criant.

Des bijoux contrôlés à la porte de la Monnaie... voyez le contrôle, mesdames... contrôlés à la porte de la Monnaie.

(Roquet et Mignon sont assis sur le devant de la boutique du distillateur, les jambes pendantes et fumant leurs cigares.)

ROQUET.

Laisse donc, avec ta monnaie, tu voudrais bien avoir la nôtre.

POLIVET.

Jeune homme, une jolie chaîne d'or pour vingt-neuf sous... vingt-neuf!...

UN HOMME, servant de compère et examinant la chaîne.

C'est inconcevable qu'on puisse avoir de la pareille ouvrage à si bon marché.

MIGNON, près de Roquet.

Dis donc, est-ce que tu nous prends pour des

cantaloux, avec ton or qui rougit devant le monde?

POLIVET au compère.
Calas est mort!

UNE MARCHANDE s'avançant, des bas à la main.
Voyez, madame, une jolie paire de bas de soie, toute neuve, pour quarante-neuf sous. (Une paysanne regarde les bas.)

ROQUET.
Dites donc, la paysanne, défaites le fil blanc, vous verrez que la paire ne peut chausser qu'une jambe.

LA MARCHANDE.
Veux-tu te taire, petit filou!

ROQUET, se levant.
Filoute toi-même!.. ne donne donc pas ton nom aux autres.
(Elle s'en va en le menaçant.)

LA PAYSANNE à Roquet, faisant la révérence.
Merci m'sieu.

ROQUET.
Venez boire un coup, la paysanne.
(Les deux gamins se mettent à rire; ils font entrer la paysanne avec eux chez le distillateur.)

MIGNON.
Enlevée la payse!
(Peu à peu tout le monde disparaît.)

POLIVET, repliant sa boutique ambulante et la remettant au compère.
Ce quartier-ci ne vaut pas le diable... le peuple a le nez trop fin.. Emporte ça, et va m'attendre sur les boulevarts.
(Le compère sort.)

AIR: de Turenne.

La populac' connaît trop mes rubriques...
Tout c'qui r'luit n'est pas or, dit-on.
Ça fait qu'ell' passe à côté d'nos boutiques...
Mais les bourgeois, v'là l'vrai poisson
Qui vient mordre à notre hameçon.
A ces badauds, qui n'sont pas difficiles,
Je tends ma ligne avec tranquillité;
Car mes filets sont mes chaîn's de sûreté,
Et ça n'pêch' que des imbéciles.

Mais malgré la majorité des jobards, je ne gagne encore qu'une vingtaine de francs par jour, moi, Polivet, un homme plein de moyens! Gredin de Chambéry, tu m'as joué d'un pion, le prétendu commissaire et lui ont subtilisé le portefeuille du petit, j'ai été volé comme dans une forêt. Où sont-ils cachés? car ils ne sont pas sortis de Paris, pas si bêtes! Oh! je les repincerai, je visiterai les coins et les trous les plus sombres, les fours à plâtre les plus mystérieux. J'ai récolté avec lui le melon, il m'en faut une tranche.

SCÈNE VII.
POLIVET, CAMILLE.

CAMILLE, traversant la rue.
Enfin me voilà libre, ma journée est finie, courons maintenant rue de Clichy pour...

POLIVET, l'apercevant.
Tiens! tiens! tiens!.. je ne me trompe pas, c'est elle, c'est Camille! Comment, vous voilà, la belle enfant?

CAMILLE, le reconnaissant.
Ah! c'est vous, monsieur Polivet.

POLIVET.
Qu'est-ce que nous faisons donc par ici? Nous avons donc quitté la tante Picpus?

CAMILLE, voulant s'en aller.
Oui, monsieur, à cause de vous.

POLIVET.
De quoi? de moi?... parce que je vous offrais un sort enchanteur! Je voulais vous faire débuter comme danseuse au Petit-Lazary.

CAMILLE.
A des conditions qui ne me convenaient pas.

POLIVET.
Vous êtes bien dégoûtée... à cause de la vertu, pas vrai?... Aussi (regardant son costume) débine tranchée. V'là comme elle s'endimanche, la vertu. Il ne vous faut pas une citadine, madame? (Criant). Voilà, madame, voiture! voilà.

CAMILLE.
Monsieur!...

POLIVET.
Et qu'est-ce que vous faites pour vivre?

CAMILLE.
Ça ne vous regarde pas.

POLIVET.
Écoutez, Camille, la danse vous tend les bras, le Petit-Lazary vous est encore ouvert: vous pouvez avoir des robes de gaze, des ailes de sylphide et des brodequins à paillettes. Ça vous va-t-il? Laissez-vous conduire au bonheur. Venez!

CAMILLE.
Je ne vous suivrai pas.

POLIVET.
Alors je vous enlève... Tant pis!

CAMILLE.
Laissez-moi, ou je crie!

POLIVET, la prenant par le bras.
Il ne passe personne... Venez donc!

CAMILLE.
Jamais!

POLIVET.

AIR: du Serment.

Soyez donc moins cruelle;
Pas un mot, pas un cri,
Le bonheur vous appelle
Au Petit-Lazary.

CAMILLE.
O contrainte cruelle!
Je veux fuir, je ne puis...
C'est en vain que j'appelle,
On est sourd à mes cris.

(Elle crie.) Au secours! au secours!
(Polivet veut l'entraîner, elle se débat et continue à appeler au secours!... Ils se trouvent devant le puisard.)

SCÈNE VIII.
Les Mêmes, PICPUS.

PICPUS, paraissant tout à coup à l'ouverture du puisard.
Qu'est-ce qu'appelle? Qu'est-ce qui crie?
CAMILLE.
Ah! monsieur, sauvez-moi!
PICPUS, saisissant Polivet par la jambe.
Ah! je t'y prends!
POLIVET.
D'où sort-il, celui-là?
PICPUS.
Ah! guerdin! tu insultes les femmes dans les rues!
POLIVET.
Voulez-vous me lâcher?... ou je vous casse une dent.
PICPUS.
Ne t'avise pas de ruer, ou je te mords les mollets.
POLIVET.
Cette femme est mon épouse.
CAMILLE.
Il en a menti!
PICPUS, la regardant.
Tiens! c'est ma nièce!
POLIVET.
Son oncle!
PICPUS.
Attends! attends! toi! Je vas te descendre là d'où je viens. (Il s'apprête à sortir.)
POLIVET.
Excusez, j'ai affaire autre part. Portez-vous bien.
(Il se sauve. Picpus sort tout à fait du puisard.)

SCÈNE IX.
CAMILLE, PICPUS, casquette de loutre, bourgeron bleu, grandes bottes.

CAMILLE.
Comment, c'est vous, mon oncle?
PICPUS.
Comme tu vois, ça va assez bien, merci... Qu'est-ce qu'il te voulait donc, ce moderne?
CAMILLE.
M'entraîner, me perdre... et sans vous!...
PICPUS.
Tu ne t'attendais pas à me voir arriver, hein?... et surtout de ce quartier-là? (Montrant le puisard.) C'est mon domicile politique... depuis mes disgraces dans les peaux de lapin. Mais dites donc, ma nièce, retournez-vous donc un peu... Je vous vois pas mise comme la fille d'un monarque.
CAMILLE, le regardant.
Et vous, mon oncle! dans quel état je vous retrouve!
PICPUS.
Quoi donc? Parce que je suis dans la grosse cavalerie? Je ne suis pas un va-nu-pieds : j'ai des bottes à la cuiller. (Il marche avec bruit.)
CAMILLE.
Ah! mon oncle, où mène l'inconduite!
PICPUS.
Inconduite, moi? Jamais! Je n'ai qu'un défaut... c'est le penchant à la boisson... oh! ça, je suis soiffard... la nature m'a mis une grosse éponge dans le gosier... la vue d'une bouteille vide me fait éprouver le supplice de *Cancale*... celui qui a inventé le Rocher du même nom, qui est devenu traiteur dans la rue Montorgueil... On sait son histoire de France.
CAMILLE.
Oui, je sais que vous êtes honnête homme.
PICPUS.
Un peu!... Mais donne-moi donc des nouvelles de ma famille, de mon épouse. Parle-moi d'Éléonore. Oh! si tu veux que je soye ému, parle moi quelques instans d'Éléonore!
CAMILLE.
Ma tante finira mal : elle a toujours des idées d'ambition.
PICPUS.
L'ambition la perdra. Cette femme-là a dans la tête d'être empératrice! Elle voudrait un tas de couronnes pour se mettre sur les cheveux... des cheveux gris mêlés!
CAMILLE.
Elle voulait marier ma cousine Olympe à un homme très riche.
PICPUS.
Je lui pardonne cette extravagance en faveur de ma fille... Comment va-t-elle, ma fille?... me ressemble-t-elle toujours, ma fille? Est-elle toujours musicienne, ma fille?
CAMILLE.
Oui : mais il y en a tant qui ont du talent!
PICPUS.
C'est vrai, que j'en entends dans les rues qui chantent comme des déesses... (Chantant.)

Il est ménuit...
T-il est ménuit...

Et chez les restaurateurs à six sous, pendant qu'on dîne, il entre des harpies qui en pincent à faire frissonner les nerfs.
CAMILLE.
Le mariage de ma cousine a manqué : ma tante avait fait des dettes pour briller dans le monde, les créanciers sont arrivés; les amis, les connaissances sont partis...
PICPUS.
Et toi aussi, peut-être! Toi, ma nièce... tu l'as abandonnée?
CAMILLE.
Ah! mon bon oncle, ne me condamnez pas. Je ne l'aurais jamais quittée sans...
PICPUS.
Sans quoi?
CAMILLE.
Des choses qui m'auraient conduite à ma... On voulait me faire entrer dans un petit spectacle. J'ai résisté, et elle y a fait entrer ma cousine.

PICPUS.
Pour jouer les héroïnes?... avec des robes à queue?
CAMILLE.
Non, comme figurante.
PICPUS.
Crédié! quelle dégringolade!... et mon épouse, est-ce qu'Éléonore figure aussi?
CAMILLE.
Elle est habilleuse.
PICPUS.
Voilà donc où mène l'ambition!.. Et toi, fille de mon frère, quel état que t'as?...
CAMILLE.
On ne m'avait appris ni à coudre, ni à broder, rien qui soit une ressource. Je n'ai pas voulu me mettre domestique!
PICPUS.
L'esclavage!... fi donc!

(Il chante.)
Plutôt la mort que l'esclavage,
C'est la devise des Français!

CAMILLE, timidement.
Si vous étiez passé ce matin dans cette rue, vous m'auriez vue un balai à la main...
PICPUS.
Il n'y a pas d'aff..... un balai à la main, tu nettoies ta patrie!.. ta patrie qui t'a donné le jour. A preuve que je t'en donne l'exemple. Mon fils, ton cousin Mignon, travaille aussi un peu dans la partie; c'est un joli sujet, qui mord bien au chiffon : malheureusement il va tirer à la conscription ces jours-ici, et je n'ai pas de monnaie pour lui acheter un homme. Écoute, ma nièce, il ne faut pas qu'une jeune personne reste seule exposée aux intempéries. Viens demeurer avec nous.
CAMILLE.
Ah! mon oncle, que je suis heureuse de vous avoir rencontré. Où demeurez-vous, mon oncle?
PICPUS.
Tout près d'ici, dans l'allée du distillateur, au cintième... Il y a dans mes appartemens un petit cabinet où tu seras aux oiseaux... Veux-tu que je t'installe tout de suite?
CAMILLE, embarrassée.
C'est que j'ai une course à faire... je voudrais aller... rue de Clichy.
PICPUS.
Rue de Clichy?
CAMILLE.
Oui, à la prison.
PICPUS.
Tu connais des prisonniers?... tu fréquentes des prisonniers?
CAMILLE.
Un jeune homme qui est bien malheureux, allez...
PICPUS.
Un jeune homme!... oh! la! la!
CAMILLE.
Qui était riche autrefois, et qu'on a trahi, qu'on a dépouillé. Enfermé aujourd'hui, pour une dette qui n'est pas la sienne, sans un parent, sans un ami qui prenne pitié de son sort... Il fallait bien que quelqu'un vînt à son secours... Il le fallait bien, mon oncle... (Avec âme) Aussi ce travail, auquel je me suis condamnée, c'est pour lui : le salaire que j'en tire, il en a la moitié... et il ne sait pas encore quelle est la main qui lui donne, quel est le cœur qui bat pour lui... oh! qu'il ne le sache jamais!... n'est-ce pas, mon bon oncle, n'est-ce pas que j'ai bien fait?

PICPUS, attendri et pleurant.
Ho! ho! embrasse-moi... embrasse-moi plusieurs fois... encore... dès que nous serons chez nous, je te donnerai ma bénédiction... Prête-moi ton mouchoir... (Elle le lui donne, il s'essuie les yeux.)
CAMILLE.
Ce bon oncle!
PICPUS.
Allons, va, va consumer ta bonne action, et reviens sous l'aile de ton oncle. (Il met le mouchoir dans l'entonnoir de sa botte.)
CAMILLE.
Je ne serai pas long-temps.
PICPUS.
Tu reconnaîtras bien l'allée? n° 120. Quel malheur!... sans vin!... v'là un drôle de numéro pour un pochard.
CAMILLE.
Sans adieu.   (Elle sort en courant.)

SCÈNE X.

PICPUS, seul, attendri.

J'ai donc des nouvelles de ma famille, de ma Léonore... tout ça m'a humecté l'œil.

Air : Romance de Guido et Ginevra.

Où qu' t'es, ma belle Éléonore,
O ma compagne, ô mes amours;
Toi qui charmais mes nuits, mes jours?..
Réponds à l'époux qu'il t'adore,
Avais-tu le droit de me quitter?
Eh quoi! rien n'a pu t'arrêter,
Ni mes caress's, ni mes baisers sans nombre,
Ni mes doux yeux qu' tu chérissais!..
Profitant de c'qu'il faisait sombre,
Un matin pen... dant que j'ronflais,
Hélas! tu m'as fui comme une ombre,
Sans m'dir' seul'ment si tu r'viendrais,
Tu n'm'as pas dit si tu r'viendrais.
(Avec colère.)
C'est un' conduit' bien singulière,
De ses devoirs c'est s'faire un jeu :
(S'attendrissant.)
Comme épouse et comme portière,
Tu m'devais un (bis) dernier adieu!

Mais c'est drôle, l'émotion m'a desséché le gosier, et j'éprouve le besoin d'un liquoreux quelconque...
(Il va pour entrer chez le distillateur.)

SCÈNE IX.

ROQUET, ET MIGNON sortant de chez le distillateur, PICPUS.

MIGNON.

Au revoir, Roquet... si je te rencontre demain, c'est moi qui paiera.

PICPUS, l'arrêtant.

De quoi, tu paieras?... comment! malheureux, tu sors de chez le distillateur!...

MIGNON, ôtant sa casquette avec respect.

Tiens! mon père, vous y entrez bien.

ROQUET.

Bonjour, monsieur Belhomme.

PICPUS.

Ah! méchant môme, c'est toi qui déranges mon enfant?...

ROQUET.

Comment! je le dérange?... je viens de lui payer un verre de doux et une cigale.

PICPUS.

Tu ne pouvais pas attendre que je soie là pour m'inviter?..

ROQUET.

C'te farce!.. on a du crédit, et si vous voulez entrer...

PICPUS.

Oui, je veux entrer.

ROQUET.

Eh bien! on redoublera...

PICPUS.

Je vois que mon fils fréquente des jeune homme bien élevés et qui respectent la veillesse. Entrons... je suis susceptible de vous rendre la réciproque.

MIGNON.

Oh! vous êtes connu, papa... on sait que vous ne boudez pas.

PICPUS.

On ne boude qu'aux dominos, et je n'y joue jamais... c'est trop sèche.

SCÈNE XII.

LES MÊMES, RIBOTTON, venant de la gauche, parlant à ses chevaux; ensuite CADET.

RIBOTTON, en blouse, le fouet à la main.

Oh! là, hé! la grise!.. Cadet, laissons reposer les chevaux... fais leux-y boire un sciau d'eau, et nous allons lamper une goutte d'autre chose.

PICPUS.

Tiens! c'est le gros père Ribotton.

RIBOTTON.

Te v'là, Belhomme?

PICPUS.

Toujours... nous allions nous rafraîchir les amydales.

RIBOTTON.

La compagnie engage... (A la cantonade.) Hé! Cadet, recule un peu le tombereau, qu'il ne bouche pas la porte du marchand de vin... il ne faut pas nuire au commerce.

PICPUS.

Est-ce toi qui paies?

RIBOTTON.

Faut ben, si tu n'as pas d'argent.

PICPUS.

Toujours.

RIBOTTON.

Justement que j'ai queuque chose à te dire.

PICPUS, le poussant vers le distillateur.

Il ne faut jamais causer dans la rue, c'est mauvais ton.

RIBOTTON.

Tu ne sais pas?.. tu vas venir à ma noce.

PICPUS.

Je devine... tu te maries.

RIBOTTON.

Juste..

PICPUS.

Avec quoi?

RIBOTTON.

Avec un fonds de traiteur hors barrière... j'épouse Madeleine.

MIGNON.

La friturière ambulante?

RIBOTTON.

Elle avait des économies, elle voulait placer ça sur la tête d'un bel homme...

PICPUS.

Et elle a choisi la tienne?

RIBOTTON.

Et nous allons vendre aux amis du vin à six et du fricot soigné... Est-ce que tu ne viendras pas manger des gibelottes de lapin?

PICPUS.

Non, c'est le chat!

CADET, paraissant en blouse.

Dis donc, Ribotton, la grise est déferrée.

RIBOTTON.

Mon gosier ne l'est pas, hein?

CADET.

Jamais.

PICPUS.

Eh ben! c'est égal, nous allons y remettre des clous.

(Ils entrent chez le distillateur en chantant à tue tête. Un homme est sorti du puisard, en a ôté l'échelle et a remis le couvercle.)

SCÈNE XIII.

DUMONCEL.

(Il arrive lentement, pâle, abattu, vêtu d'une mauvaise redingote boutonnée jusqu'au menton, il semble se soutenir à peine et s'appuie sur le banc du distillateur.)

Je ne puis me traîner plus loin... Depuis vingt-quatre heures que, las de me nourrir en prison, ce propriétaire m'a fait mettre en liberté... depuis vingt-quatre heures, la fatigue... l'insomnie.., le besoin... J'ai été réduit à vendre tout ce que je possédais pendant ces deux mois d'incarcération;

et dans les derniers temps, que serais-je devenu sans ces petits secours qu'une main inconnue déposait chez le concierge?... Qui donc?... J'ai épuisé toutes les conjectures... Enfin, je suis libre. (Il s'avance et traverse lentement la scène.) Mais quand on me demandera qui je suis, d'où je viens... pourrai-je dire que je sors de prison?.. Aussi, depuis hier, j'erre sans but dans les rues de Paris, où tout le monde est occupé... où tout le monde a un gîte... où tout le monde a mangé... Je n'ai rien pris... je tombe de faiblesse... (Il tombe sur le banc à la porte du boulanger.)

SCÈNE XIV.

Les Mêmes, PICPUS, RIBOTTON, MIGNON, ROQUET, CADET, MADELEINE, passans.

PICPUS, RIBOTTON, MIGNON, ROQUET, CADET, sortant de chez le distillateur.

Air: du Chalet.

Viv'nt les débits de consolations!
Pour les nations
C'est la plus bell' des institutions.
Tra, la, la la, etc.
(Ils dansent.)

MADELEINE, entrant et criant.

Qu'est-ce qui veut des pommes de terre frites?

ROQUET.

Hé! la restauratcuse en plein vent!.. par ici; apportez votre cuisine. Cinq cornets... c'est moi qui régale...
(Madeleine donne les cornets.)

RIBOTTON.

Bonjour, ma future... (A Roquet.) T'es ben généreux aujourd'hui.

ROQUET.

Je suis en fonds... Le distillateur m'a prêté vingt sous sur ma veste.

PICPUS, mangeant.

Dieu de Dieu! que c'est délicat! Je tresse une couronne à l'inventeur de la friture. (Il se découvre.)

DUMONCEL, les regardant.

Je me sens défaillir.

RIBOTTON, l'apercevant et criant.

Hé! dites donc, les autres, un homme qui se trouve mal. (Ils courent à lui. Les passans s'arrêtent, s'approchent et se groupent près de Paul.)

PICPUS.

Un jeune homme bien mis!.. Qu'est-ce que vous avez, jeune homme?

DUMONCEL.

Je tombe de besoin.

MIGNON, criant.

Hé! père Lagoutte, un verre d'eau-de-vie!

LE DISTILLATEUR, sur sa porte.

Vous n'avez plus d'argent, crédit est mort.

PICPUS, criant.

C'est pour un homme qu'est en défaillance.

LE DISTILLATEUR.

Ah! c'est différent. (Il accourt portant une bouteille et remplit un verre d'eau-de-vie. Picpus l'approche des lèvres de Paul, qui en prend quelques gouttes.)

PICPUS.

V'là qu'il rouvre l'œil... (Il pose le verre sur la borne.) Et que personne ne touche à ça... Il y a un tas de gueulards qui ne se gêneraient pas. (La foule les entoure.)

ROQUET.

Voulez-vous manger?.. v'là mon cornet.

PICPUS.

Reculez-vous donc, tas de curieux, vous lui bouchez son air.

MIGNON, prenant le chapeau de Dumoncel et le posant par terre sur le devant de la scène.

Mettez plutôt quéque chose dans son chapeau. Je n'ai qu'un rond, le voilà. (On y jette quelques pièces de monnaie.)

DUMONCEL, se levant.

Non!.. jamais!..

ROQUET.

C'est p't-être un feignant.

PICPUS.

Quéque ça fait, s'il a faim!

RIBOTTON.

Faut l'ôter d'ici... emmenons-le chez le distillateur.

DUMONCEL.

Je vous remercie, braves gens!..

RIBOTTON, le soutenant.

Appuyez-vous sur moi.
(On l'emmène.)

ROQUET.

N'oublions pas le chapeau... Il y a un tas de filous!.. (Il le ramasse et les suit.)

PICPUS, retournant sur ses pas.

Et le verre d'eau-de-vie? (Il le prend sur la borne.) Ah!.. ça pourrait lui faire du mal... un homme qu'est à jeun... ça creuse encore l'estomaque. (Il avale le verre d'eau-de-vie.)

MIGNON.

Tiens, papa, il ne perd jamais la boule... Il a englouti le rafraîchissement.

PICPUS, voulant faire ranger la foule qui est restée à la porte du distillateur.

Place pour une dame! (Il entre dans la boutique.)

SCÈNE XV.

MIGNON, LA FOULE, CHAMBÉRY, dans un tilbury qu'il conduit lui-même; près de lui, un petit groom*.

CHAMBÉRY.

Gare!.. gare donc!..

MIGNON.

Eh! ben! qu'est-ce qu'il a donc!.. est-ce qu'il veut écraser le monde, ce coco-là?

CHAMBÉRY.

Range-toi, gamin.

* Dans les villes où le théâtre n'est pas assez grand pour avoir un tilbury et un cheval véritables, on les remplacera par un tilbury et un cheval découpés en volige, et peints de la manière la plus convenable à faire illusion. Toutefois il sera important de conserver autant que possible la vérité du tableau.

MIGNON, saisissant la bride du cheval.

Parce que vous avez un petit bury, est-ce que ça vous donne le droit d'écraser ceux qui sont à pied?..

CHAMBÉRY.

Drôle !

MIGNON, se plaçant à la tête du cheval.

Marchez donc, écrasez-moi donc, un petit peu, pour voir... Tenez, je me mets devant exprès... na! (Il lui tire la langue, tout le monde rit.)

CHAMBÉRY.

Petit enragé !

MIGNON.

Si ta bête me cogne, je te mène chez le commissaire, le joli quart-d'œil!.. tu en seras pour tes cinq balles.

CHAMBÉRY, lui jetant un écu.

Allons, retire-toi...

MIGNON, attrappant la pièce.

Je me retire, parce que ça me plait.

(L'acteur feint de jeter un écu, et l'autre en tient un dans sa main qu'il montre alors au public.)

CHAMBÉRY, avançant et s'arrêtant de nouveau.

Eh! bien! on ne peut pas passer par cette ruelle?.. Charretier, reculez donc votre tombereau.

MIGNON.

Ne vous enlevez pas, bourgeois, il est au débit de consolation... Hé! père Ribotton !

(Il y entre.)

SCÈNE XVI.

LES MÊMES, CLAMPIN accourant, puis RIBOTTON, PICPUS, ROQUET, MADELEINE, ETC.

CLAMPIN.

Quoiqu'il y a?.. voulez-vous descendre, mon général? (Il met un petit tapis sur la roue.) N'ayez pas peur de vous crotter, mon pair de France... mon tapis est propre.

CHAMBÉRY.

Laisse-moi tranquille, polisson.

CLAMPIN, se retirant.

Polisson!.. ça n'a peut-être pas le sou... va donc, hé! muffle!

CHAMBÉRY, criant.

Eh! bien, ce tombereau se dérangera-t-il?.. Charretier!..

RIBOTTON, paraissant sur la porte du distillateur.

Qu'est-ce qu'il y a ?

CHAMBÉRY.

Hé! l'homme, rangez-donc votre tombereau.

RIBOTTON.

Est-ce que le mot de voiture vous écorcherait la bouche ?

CHAMBÉRY.

Je suis pressé.

RIBOTTON.

Si vous êtes pressé, je ne le suis pas.

CHAMBÉRY, s'emportant.

Canaille !

RIBOTTON.

Canaille!.. Dites donc l's amis, il nous appelle canaille. (Cris de la foule.)

PICPUS.

Canaille!.. et c'est à nous qu'il parle?

CHAMBÉRY, levant son fouet.

Si tu ne te déranges pas...

RIBOTTON, criant.

Tu lèves ton fouet sur moi !

PICPUS, de même.

Tu menaces le peuple!..

MIGNON, de même.

Faut le mettre à pied.

CLAMPIN et ROQUET.

A bas!.. hu! hu!

CHAMBÉRY.

Le premier qui avance!.. (La foule se précipite sur le tilbury.)

RIBOTTON, enlevant le groom.

Tenez, prenez son singe, et qu'on ne lui fasse pas de mal.

PICPUS, le prenant.

Viens, petiot, n'aie pas peur, mais ton canaille de maître! (Il tient le groom du côté gauche du théâtre.

(Musique.)

(Chambéry s'élance de son tilbury, Clampin lui arrache son fouet. Chambéry veut le reprendre, il se colette avec Ribotton. Dans ce désordre, un portefeuille tombe de la poche de Chambéry, sur le devant de la scène, à droite du spectateur. Clampin, Roquet et Mignon l'aperçoivent à terre, et le couvrent de leurs mains.)

ROQUET.

Un portefeuille !

MIGNON.

Part à deux !

CLAMPIN.

Part à trois !..

(Le peuple se rue sur la voiture. Tableau.)

ACTE TROISIÈME.

Le jardin d'un cabaret hors barrière. Il est entouré de murs ou de palissades, et fermé au fond par une grosse porte en planches, la seule par où l'on puisse entrer du dehors. A droite du spectateur est la maison, dont un retour en face du public a une fenêtre au rez-de-chaussée ouvrant sur le jardin ; au dessus de cette fenêtre on voit l'enseigne : AU... *un chat sans tête;* et SANS TÊTE. A gauche une rangée d'arbres, des tables et des bancs.

SCÈNE I.

RIBOTTON, MADELEINE, POLIVET, monté sur une chaise et achevant de peindre le chat.

POLIVET, veste et pantalon de toile, comme les peintres en bâtiment, avec un bonnet de coton rouge et bleu. Il chante en travaillant.

 Quand on fut toujours vertueux,
 On aime à voir lever l'aurore...
  La jeunette Annette
  S'en va seulette...

RIBOTTON, le regardant.

Sapredié ! comme vous avez du chic, et comme vous peinturez ça !.. c'est une drôle d'idée que cette enseigne : *Au Lapin sans tête...* mais il me semble que vous lui faites la queue trop longue.

POLIVET.

C'est un emblême qui signifie que dans tous les états, aubergistes ou autres, il faut savoir faire la queue.

MADELEINE.

Air : Il était un vieux bonhomme. *(Beauplan.)*
 Il a d'l'esprit comme un ange.

RIBOTTON.
 De l'esprit et du talent.

POLIVET.
 Ce que vot' pratique mange
 Se trouv' peint exactement,
 C'est là peint exactement.

MADELEINE.
 Mais vot' lapin m'paraît drôle !
 Y r'semble au chat.

POLIVET.
    Ça s'peut ben.
Qué que ça fait ?
 Pourvu que dans vot' cas'trole, ⎫ *(bis)*
 Le chat ressemble au lapin. ⎭ *ensemble.*

POLIVET, descendant.

Voilà qui est fini... voulez-vous me servir à déjeuner ?

MADELEINE.

Vous aurez not' étrenne, car nous ouvrons aujourd'hui.

RIBOTTON.

Un lendemain de noces, ça nous portera bonheur.

POLIVET.

Vous êtes mariés d'hier ?

MADELEINE.

Je m'en vante.

RIBOTTON.

Et moi aussi.

POLIVET.

Est-ce que vous comptez faire de bonnes affaires sur ce boulevard extérieur ?

RIBOTTON.

Je crois bien. Madeleine a la renommée pour les pommes de terre frites, et toutes nos connaissances et amis nous ont promis leur pratique.

POLIVET.

Vous aurez la mienne. Servez-moi donc à déjeuner.

MADELEINE.

Je vas vous faire sauter un petit lapin.

POLIVET.

Avec la tête : je tiens à ce membre.

RIBOTTON.

Et je vas vous tirer un petit père noir.

POLIVET.

Non, du blanc... j'y ai plus confiance.

Air : Chaise cassée de Musard.
 Les vins blancs sont meilleurs ;
 Moi, qui fais d'la peinture
 Je m'connais en teinture,
 Et j'suis fait aux couleurs.

RIBOTTON et MADELEINE.
 Les vins blancs sont meilleurs ;
 Lui, qui fait d'la peinture,
 Il s'connaît en teinture,
 Il est fait aux couleurs.

(Ils entrent dans le cabaret.)

SCÈNE II.

CHAMBÉRY, chapeau sale, veste et pantalon de velours de coton, usés, portant sur son dos un orgue de Barbarie ; POLIVET, sur le devant.

POLIVET.

Elle est belle femme, la gargottière, elle a un buste un peu crâne... J'ai envie de me mettre en pension chez elle.

CHAMBÉRY, entrant en jouant de l'orgue et chantant : *L'Or est une chimère.* (Le véritable orgue joue dans la coulisse ; celui que porte Chambéry devant être assez léger pour ne pas fatiguer l'acteur.)

POLIVET.

Tiens ! cet autre qui joue l'*Or est une chimère !..* Voilà de ces romances qu'on ne devrait pas permettre dans les rues !..

CHAMBÉRY.

Quelle voix sort de dessous cette veste !

POLIVET.

Quel organe a cet orgue ?.. Chambéry !..

CHAMBÉRY.

Polivet !..

POLIVET.

Mais, filou que tu es, tu me dois cent cinquante

ACTE III, SCÈNE III.

mille francs : donne-les moi donc, que je paie mon déjeuner.

CHAMBÉRY.

Laisse-donc : je ne les ai plus.

POLIVET.

Tu as mangé cent cinquante mille francs ! Tu as donc joué à la bourse ou acheté des actions ?

CHAMBÉRY.

Eh ! non... je voulais me ranger, devenir honnête homme...

POLIVET.

Veux-tu finir, méchant !

CHAMBÉRY.

J'avais obtenu un passeport sous un nom supposé, et je partais pour Bruxelles, lorsqu'un incident des plus vulgaires, des plus bêtes, m'a renversé avec tous mes projets.

POLIVET.

Renversé !

CHAMBÉRY.

Moralement et physiquement... Un embarras de voitures, des gens du peuple, de la canaille... mon cabriolet brisé, mon portefeuille perdu.

POLIVET.

Ah ! ciel !

CHAMBÉRY.

Et moi, sur le pavé.

POLIVET.

Ah ! que c'est dur !

CHAMBÉRY.

Dans toute l'étendue du terme ! Le lendemain, je suis retourné dans le quartier... J'ai cherché partout, interrogé tout le monde... ah ! ouiche !

POLIVET, à part.

Il m'applique une colle. (Haut.) Et toi, qui as tant de génie, tu n'as pas trouvé d'autre ressource que de jouer de la commode, et d'écorcher les oreilles de tes concitoyens avec cette infâme manivelle ?

CHAMBÉRY.

Ne la méprise pas : la musique y tient peu de place, le cylindre ne joue qu'un air ; (baissant la voix) et le reste est plein d'esprit.

POLIVET.

Tu en as toujours eu, Chambéry.

CHAMBÉRY.

Pas de celui-là... autre genre d'esprit que je fais entrer par toutes les barrières.

POLIVET.

Ah ! bon, donc ! je te vois venir.

CHAMBÉRY.

J'exerce en détail en attendant que je puisse travailler en gros : mais entrons dans un cabinet... je te communiquerai un projet gigantesque.

POLIVET.

Accepte la moitié de mon déjeuner d'artiste. Tiens, c'est moi qui ai peint cette enseigne : c'est pas mal, n'est-ce pas, pour de la peinture hors barrière ?

CHAMBÉRY.

Il y en a au salon qui ne la valent pas.

POLIVET.

Vil flatteur !..

CHAMBÉRY.

Cher ami !

POLIVET.

Bon camarade !

Air : Amour sacré de la patrie ! (Guillaume-Tell.)

Heureux hasard qui nous rapproche !
Et qui rassemble deux amis
N'ayant le sou dans aucun' poche :
V'la les artistes réunis.
(Ils entrent dans le cabaret.)

SCÈNE III.

ROQUET, CLAMPIN, MIGNON, arrivant du fond, ensuite RIBOTTON.

ROQUET, CLAMPIN, MIGNON.

Air : des Grisettes.

Allons à la guinguette,
L'vin est pas cher, et bon :
Là, l'on s'met en goguette,
En jouant (bis) au bouchon.

CLAMPIN, tapant sur la table.

Eh ! père Ribotton ! un litre et trois verres, c'est des amis.

RIBOTTON, apportant le litre et les verres.

Voilà, voilà. Tiens ! c'est vous, petits maraudeurs ?

ROQUET.

Nous venons en avant-garde... tous les amis veulent célébrer l'auguration de votre établissement.

MIGNON.

Il y aura de la consommation à mort... Les provisions sont-ils conséquentes ?

RIBOTTON.

Je suis à la tête de deux feuillettes, d'un régiment de mangeurs de choux, et de trois boisseaux de pommes de terre.

CLAMPIN.

Eh ! ben ! allumez les fourneaux et faites fondre le saindoux.

ROQUET.

Et comment se porte votre épouse depuis la noce ?

RIBOTTON.

Vous la verrez : elle sera aussi bonne mère que bonne épouse : dans ce moment ici, elle épluche la salade.

MIGNON.

Vous avez de la salade ? quel luxe !

RIBOTTON.

Et du fromage ! Ma maison sera dans le bon genre. (Revenant.) Ah ! à propos : donnez-moi donc des nouvelles de ce jeune homme... Vous savez bien...

MIGNON.

Oui, qui s'est trouvé mal dans la rue : même que j'ai fait la quête ?

RIBOTTON.

C'est ça... je lui ai fait avoir ma place de charretier.

MIGNON.

Eh ! ben, il mène le tombereau avec Cadet, il n'a

pas l'air embarrassé : il vient nous voir quéq'fois, surtout aux heures que ma cousine est à la maison, le soir ; il nous amuse, c'est un garçon d'esprit, il sait joliment bien lire, va ! il lit toutes sortes d'histoires à Camille, pendant que je fais une mouche à nous deux papa.

RIBOTTON.

Ah ! diable !.. ça me fait l'effet d'un charmant garçon, il fera son chemin. Ah ! ça, je vais à la cuisine, inspecter la boustifaille ! (Il sort.)

SCÈNE IV.

ROQUET, CLAMPIN, MIGNON.

CLAMPIN, avec mystère.

Voyons, mes enfans, fermez toutes les portes. Il s'agit de tenir conseil... comme des minisses. Buvons d'abord un coup : ça ouvre l'esprit. (Ils s'attablent.)

MIGNON.

Buvons-en deux pour l'ouvrir davantage.

ROQUET.

Buvons en trois... car il s'agit d'une grandissime affaire.

CLAMPIN.

Je crois bien !.. une fortune !

LES DEUX AUTRES.

Une fortune !

CLAMPIN.

Chut !..

ROQUET.

Et dire que j'ai trouvé ça dans le ruisseau ! ça vaut mieux que des clous de charrette.

MIGNON.

Ça n'était pas dans le ruisseau, c'était dans le tas d'ordure : c'était dans mon département.

CLAMPIN.

C'était, c'était dans la rue : tout ce qui est du balayage me concerne.

ROQUET.

C'est toujours moi qu'a mis la main dessus.

MIGNON.

J'ai dit : Part à deux.

CLAMPIN.

J'ai dit : Part à trois.

ROQUET.

Eh ! ben, c'est à nous trois, quoi !

CLAMPIN.

Le moutard a raison... c'est à nous *troisses*.

MIGNON, pensif.

A nous *troisses*... ou à un autre...

CLAMPIN.

Tiens ! c'te idée !.. ce qu'on trouve, on ne le vole pas.

MIGNON.

Mais ce qu'on trouve appartient à quelqu'un.

CLAMPIN.

Connais pas...

MIGNON.

A quelqu'un qui va p't'être faire afficher l'article.

ROQUET.

Je ne verrai pas les affiches... je ne sais pas lire.

(Il se lève.)

MIGNON, se levant.

Et pis...

CLAMPIN, de même.

Ecoutez, mes enfans, j'ai plus vécu que vous... j'ai plus d'expérience et plus d'esprit. Je vas vous insinuer une idée majeure. Une supposition qu'on affiche l'article, bien, bon, le v'là affiché à tous les coins ; bravo ! tu passes par là, les mains dans tes poches...

AIR : Qu'il est flatteur d'épouser celle.

Tu vois l'affich'... tu lév's la tête.
Qu'est-c'que tu lis !.. qu'est-c'qu'on y met ?..

MIGNON.

Ah ! j'y suis ! — Récompense honnête
Pour celui qui trouv'ra l'objet.

ROQUET.

Oui, j'sais bien : sur tout's ça s'répète :
Mais qu'est-c'que ça fait, en tout cas,
Qu'on mette : Récompense honnête,
Quand ceux qui trouv'nt ne le sont pas ?

MIGNON.

Oui, mais nous le sommes. Si mon père savait que je ferais une indélicatesse, il me tuerait fièrement.

CLAMPIN.

Il ne s'agit pas d'indélicatesse : ce portefeuille est bourré de billets pour une très forte somme : n'y touchons pas ; mais il y aura une récompense, prenons la récompense.

MIGNON.

C'est juste.

ROQUET.

Oui, prenons chacun quinze francs.

CLAMPIN.

Est-il bête ! quinze francs !.. prenons chacun un billet.

ROQUET.

Il a raison.

CLAMPIN.

Un billet de *cinque* cents francs.

MIGNON, enchanté.

Tu veux donc que nous soyons des capitalistes ? Tu veux donc que nous roulions sur l'or ?

ROQUET.

Tiens donc ! je veux nager dans les délices, moi, comme un gros épicier.

CLAMPIN.

Moi, je vais aller tout de suite au Temple, et m'habiller de neuf. J'ai le goût de la pantomine, je vais débuter dans un rôle d'Espagnol.

ROQUET, galment.

Je ne m'éclabousserai donc plus les jambes !

MIGNON, de même.

Je ne mangerai donc plus de chiffons !

CLAMPIN, transporté.

Je veux rouler en fiacre toute une journée ! vous y viendrez avec moi, et puis, une dame. Il faut tout vous dire : J'ai une passion.

ROQUET.

Toi ?

CLAMPIN.
Oui... mais tu es trop jeune, tu ne connais pas l'amour.
ROQUET.
Si, je le connais.
CLAMPIN.
Mouche-toi donc. Je suis donc amoureux d'une figurante de chez nous.
ROQUET ET MIGNON.
Bah !
CLAMPIN.
Une jolie femme, allez, qui joue les Péruviennes avec un maillot chair, qu'on dirait la nature dans toute sa splendeur ! c'est-y ça qui monte l'imagination et procure du délire. (S'agitant les doigts.) Tiens, les nerfs ! tiens.
ROQUET, l'imitant.
Moi, aussi... tiens, les nerfs !..
MIGNON.
Et moi donc... tiens, les nerfs !..
CLAMPIN.
Tous les trois des nerfs !..

SCÈNE V.

LES MÊMES, CHAMBÉRY ET POLIVET, ouvrant la fenêtre du cabinet du rez-de-chaussée en face du public, où ils déjeunent.

POLIVET.
J'entends gazouiller depuis un quart d'heure... il y a de la société dans le jardin.
CLAMPIN.
Avec une fortune comme m'en voilà une, je suis sûr de la fasciner... je veux vous la faire connaître ; je l'amènerai dîner ici.
MIGNON.
Amènes-en deux !
ROQUET.
Amènes-en trois.
CLAMPIN.
Ah ! messieurs, pour qui me prenez-vous !
ROQUET.
Ah ça ! mais, le portefeuille !
CHAMBÉRY.
Hein !.. qu'est-ce qu'ils ont dit ?..
ROQUET.
Qu'en ferons-nous ?
CLAMPIN, le montrant.
Le voilà.
CHAMBÉRY, à Polivet.
Sacrebleu ! c'est le mien !
POLIVET.
Le nôtre ! chut !.. (Ils se posent mutuellement la main sur la bouche.)
MIGNON.
Il faudrait le mettre en sûreté. Tenez, le père Ribotton est un honnête homme, un homme établi, il faut lui donner pour qu'il le resserre dans son *ormoire*.
ROQUET.
Bonne idée !

CLAMPIN.
Allons ! c'est dit... mais prenons toujours la récompense.
CHAMBÉRY.
Celui-là est un malin.
POLIVET.
Oh ! quelqu'un qui aurait le bras assez long.
CLAMPIN, ouvrant le portefeuille.
Voilà trois billets... à chacun un... voilà chacun le vôtre. Moi, j'aurai la monnaie du mien, à la caisse du théâtre. Ils ont fait de l'argent le mois passé.
MIGNON.
Allons porter le magot au papa Ribotton.
TOUS LES TROIS.
Cinq cents francs !

Air L'or est une chimère.

Lorsque l'on a des fortunes
En jouir est à propos ;
On n'est pas rich' pour des prunes,
Faut fair' rouler les noyaux.
(Ils entrent gaîment dans la maison.)

CHAMBÉRY, à la croisée.
Et nous, ne les perdons pas de vue.
POLIVET.
Je vois que tu ne m'avais pas trompé.
CHAMBÉRY.
C'est la Providence qui nous a conduits ici.
POLIVET.
Le ciel est juste. (Ils se retirent de la fenêtre et la ferment.)

SCÈNE VI.

PAUL DUMONCEL, en veste de drap, pantalon de toile ; CAMILLE, proprement mise, robe de toile, petit bonnet. Ils arrivent du fond.

DUMONCEL.
Tiens ! il n'y a personne ?.. vous aviez peur d'arriver trop tard.
CAMILLE.
C'est mon oncle qui nous pressait, et il n'est pas encore ici.
DUMONCEL.
Eh bien ! tant mieux : nous ne pouvons jamais nous parler seuls.
CAMILLE.
Qu'est-ce que ça fait ! vous me regardez toujours... est-ce que je ne lis pas dans ces regards-là ?
DUMONCEL.
Et... qu'est-ce que vous y lisez ?
CAMILLE.
Beaucoup de bonnes choses, qui me font un plaisir ! Ah !.. comme, par exemple : « Vous êtes » une brave et honnête fille, qui n'a pas craint » d'exercer l'état le plus bas, le plus humiliant en » apparence, parce qu'il y avait un pauvre prison-» nier, dont vous vouliez être le bon ange ! » (Tristement.) Un bon ange, qui n'avait à donner que quinze sous par jour... (Vivement.) Mais c'était de si bon cœur, monsieur Paul !..

DUMONCEL.

Bonne et chère Camille!.. vous voulez donc que je bénisse les fripons qui m'ont ruiné?.. Déjà, et depuis que j'ai sur le dos cette veste de charretier, que je gagne ma vie en travaillant, je suis plus heureux, plus tranquille qu'au milieu de ce tourbillon de faux plaisirs, de bals, de fêtes!..

CAMILLE.

Vous ne cherchez pas à vous abuser, pour calmer vos regrets, n'est-ce pas?

DUMONCEL.

Croyez-vous donc que je n'avais pas l'habitude du travail, dans les forges de mon père?.. Bien m'en a pris de n'avoir pas été élevé en petit maître, en freluquet; d'avoir su manier un marteau, conduire une charrette... Mon intention est de quitter Paris, de retourner aux forges dont je connais les détails... Je ferai comme mon père, je gagnerai ma fortune par le travail, et comme je l'aurai acquise avec peine, cette fois, du moins, je saurai la conserver.

CAMILLE, inquiète.

Vous quitteriez Paris?

DUMONCEL.

Oui, mais je ne m'en irai pas seul... il faut que j'emmène quelqu'un avec moi.

CAMILLE.

Quelqu'un, monsieur Paul?

DUMONCEL, lui tendant la main.

Allons, Camille, dites la vérité!.. vous y consentez!

CAMILLE.

Paul, je n'ai pas besoin de le dire : vous le savez bien.

DUMONCEL.

Va, Camille, tu seras aussi heureuse que tu le mérites! (Il l'embrasse avec transport.)

SCÈNE VII.

LES MÊMES, PICPUS, en grande toilette d'homme du peuple, chapeau à haute forme, habit mal fait, gilet de couleur, pantalon orange noué à la cheville, souliers couverts à grandes boucles : parapluie rouge à la main. Il est un peu gai.

PICPUS, criant.

Aïe! les mœurs!

DUMONCEL.

Il n'y a pas de mal, monsieur Picpus.

PICPUS.

Je sais bien que ça ne fait pas de mal... ça fait même plaisir : mais les mœurs!

DUMONCEL.

Je vais vous expliquer...

PICPUS.

Je n'ai pas besoin qu'on m'explique ce jeu-là... Je sais ce que c'est qu'un baiser... un doux baiser!.. J'en ai donné, dans mon temps, à mon Éléonore, mon épouse, et à pas mal d'autres... à un tas de blondes...

DUMONCEL.

Écoutez donc, monsieur Picpus! c'est en tout bien, tout honneur.

PICPUS.

L'honneur est comme une île escarpée, c'est comme les souterrains de la salubrité, on n'y peut plus rentrer quand l'échelle est ôtée.

DUMONCEL.

Mais, papa Picpus, quand il s'agit de mariage...

PICPUS.

Bien, le mariage! (Avec malice.) Pas la noce! Nous avons la noce sans mariage... Il y en a qui font la noce!

CAMILLE.

Ah! mon oncle...

PICPUS.

Ce n'est pas pour toi que je tiens ce propos... c'est une observation générale sur les mœurs de mon siècle.

DUMONCEL.

Monsieur Picpus, il n'y a qu'un mot qui serve. Je suis honnête homme, et je vous demande la main de votre nièce.

PICPUS, lui donnant la main.

Voici la mienne, je te l'accorde... mais il faut arroser quelque peu les autels de l'hyménée... (Il appelle.) Garçon! un litre!.. (Se ravisant.) Non, non, garçon, deux litres!

DUMONCEL.

Vous consentez?

CAMILLE.

Mon bon petit oncle!

(On entend la ritournelle de l'air suivant. Ribotton paraît sur sa porte, avec Madeleine.)

RIBOTTON.

Eh! v'là la bande joyeuse!..

SCÈNE VIII.

LES MÊMES, MIGNON, ROQUET, CADET, UN FORT DE LA HALLE, UN CHARBONNIER, UN DÉCROTTEUR, LES MARCHANDES qui ont paru au deuxième acte. GENS DU PEUPLE de la plus basse classe. POLIVET ET CHAMBÉRY.

(Paul et Camille sont dans le coin du théâtre à gauche du spectateur; Picpus au milieu, avec Mignon et Roquet; près d'eux à droite Ribotton et Madeleine; dans le coin à droite près de la maison, Polivet et Chambéry qui porte toujours son orgue.)

CHOEUR.

AIR : N'y a pas d'plaisir sans peine (Newgate).

C'est chez l'père Ribotton
 Qu'il faut qu' la canaille
Aille:
C'est chez l'père Ribotton
Qu'on se fich' du bon ton.
(Ils dansent en chantant le refrain.)

PICPUS.

Faut, si quéqz'un nous raille
Par d'insolens propos,
Et travaille la canaille,

ACTE III, SCÈNE IX.

Qu' la canne aille...
Sur son dos.
C'est chez l' père Ribotton, etc.
(Ils dansent.)

MADELEINE.

Tiens, mon homme, il fait beau, servons le dîner ici, ton salon de cent couverts ne tiendra jamais vingt-cinq personnes.

RIBOTTON.

Ma femme, tu t'ahuris, tu n'as pas encore l'habitude.

MADELEINE.

Ne parle pas tant et aide-moi... Voyons, où est les serviettes?

RIBOTTON.

Dans ma grande ormoire... voilà la clé.

POLIVET, s'approchant.

Voulez-vous que je vous donne un coup de main? Je vais aller chercher le linge, donnez-moi la clé!

MADELEINE, vivement.

Dans notre chambre, au premier.

POLIVET.

J'y vole. (A part, à Chambéry.) C'est là qu'est la douille. (Il entre dans la maison.)

PICPUS.

Allons, enfans de la patrie, avant de jouer des fourchettes, allons jouer un air de flûte, pour ouvrir les écluses.

CHOEUR.

C'est chez l'père Ribotton, etc.
(Ils entrent tous dans la maison en chantant.)

SCÈNE IX.

CLAMPIN, mis comme un homme qui vient de s'habiller au Temple, donnant le bras d'un côté à Mme Picpus et de l'autre à Olympe, mises avec une élégance sèche et fanée. **OLYMPE**, **Mme PICPUS**.

(Ils arrivent du fond.)

CLAMPIN.

Donnez-vous la peine d'entrer, mesdames.

Mme PICPUS.

Tiens! c'est gentil ici... il y a des acacias.

OLYMPE.

On respire un air pur et embaumé.

CLAMPIN.

La cuisine est par là.

Mme PICPUS.

J'aime tant la campagne! Dans ma folle jeunesse j'allais toutes les dimanches aux près Saint-Gervais cueilli des groiseilles.

Air : de Bérat *(Le Pâtre du Tyrol.)*

Mon Dieu! que j'aim' donc la campagne!
Les bois touffus, les p'tits bosquets,
L'air qui souffle sur la montagne,
Le laitage et les œufs frais!
Tra la la la la,
Rien qu'à ce mot là,
J'sens l'battement d'cœur qui me gagne ;
Tra la la la la,
Qu'on dis' c'qu'on voudra,
Mon caractèr' le voilà.
Voyez, j'ai l'âme si champêtre

Que, par amour pour les bosquets,
J'cultive de d'sus ma fenêtre
Du basilic et des œillets...
A preuv' que j'aime la campagne, etc, etc.

CLAMPIN et OLYMPE.

Tra la la la la,
Rien qu'à ce mot là
V'là l'batt'ment d' cœur qui la gagne,
Tra la la la la,
Qu'on dise c'qu'on voudra,
Son caractèr' le voilà.

Mme PICPUS.

Je suis physionomite, moi, Monsieur Altur, quand vous figuriez avec ma fille dans les pantomines, j'ai bien vu que vous étiez quéqu'un de comme il faut et de distingué.

CLAMPIN.

J'ai la passion du théâtre ; et certainement que, si j'y allais, ça n'était pas pour leux six sous. Je suis fort au dessus de cette somme.

Mme PICPUS.

C'est comme ma fille : je ne l'ai mis là qu'en attendant, pour la faire connaître de la bonne société, et si je me suis mis habilleuse, c'est par vertu! C'est dans les momens délicats où c'qu'elle change de costume, qu'une mère ne doit pas quitter sa fille.

CLAMPIN.

Vous allez accepter une gibelotte.

Mme PICPUS.

La gibelotte est ma folie!.. avec des petits ognons. Je ferais des extravagances pour...

OLYMPE, avec pruderie.

Ma mère! vous exagérez. Je ne méprise pas ce genre de lapin, mais...

CLAMPIN.

La gibelotte aura lieu.

Mme PICPUS.

Ah! çà, monsieur Altur, j'ai accepté votre invitation, parce que vous m'avez parlé de mariage... vos penchans sont toujours les mêmes?

CLAMPIN.

J'en jure! oh! mademoiselle Olympe, parlez donc. Vous gardez un silence qui me supplicie.

OLYMPE, modestement.

C'est le silence de l'hésitation. Pour être votre épouse, il me manque la présence d'une chose que l'on exige à la mairie.

CLAMPIN.

Quoi t'est-ce ?

OLYMPE.

Un père.

Mme PICPUS.

Je ne peux pas établir ma fille sans le consentement du sien ; et ce chien d'homme, je ne sais pas où il perche.

CLAMPIN.

Je le chercherai par terre et par mer, par monts et par vaux... Ah! à propos de veau, permettez-moi d'aller commander le dîner, avec mademoiselle Olympe.

Air : des Puritains.

A la cuisine, à l'office,
Daignez donc suivre mes pas,

Pour ordonner le service,
Et commander vous-mêm' le repas.
Mme PICPUS.
Hâtez-vous, la gib'lott' vous réclame.
CLAMPIN à Mme Picpus.
Vous connaissez mes intentions,
J'épous'rai votre fille, madame...
Mme PICPUS.
Garnissez-la de petits ognons.
REPRISE.
CLAMPIN.
A la cuisine, à l'office, etc.
Mme PICPUS.
A la cuisine, à l'office,
Va, ma fille, suis ses pas,
Pour ordonner le service
Et commander toi-mêm' le repas.
OLYMPE.
A la cuisine, à l'office,
Oui, monsieur, je suis vos pas,
Pour ordonner le service,
Et commander moi-mêm' le repas.
(Clampin emmène Olympe.)

SCÈNE X.
Mme PICPUS, seule.

Quel joli coupe ça fera, quand le conjugo y aura passé... (Soupirant.) Ah! ça me rappelle mon hymen avec Picpus!.. Mais où le pêcher, ce monstre-là? Je n'entends pas crier une peau de lapin, sans croire que c'est mon époux.

SCÈNE XI.
Mme PICPUS, PICPUS.

PICPUS, sortant de la maison et fumant.

C'est bon, qu'on vous dit... on va fumer extérieurement, puisque ça incommode le sexe... (Apercevant madame Picpus.) Tiens! mais en v'là encore par ici, du sexe... Crédié! une femme à chapeau!.. pus que ça de monnaie! c'est du mousseux, voyons la boussole! Salut, madame...
Mme PICPUS, se retournant.
Ah! ciel!.. qu'est-ce que je vois là!
PICPUS.
Est-ce que la fumée me brouille les yeux?
Mme PICPUS.
Mon ivrogne de mari!
PICPUS, lâchant une bouffée de fumée.
Ma femme dans un nuage!
Mme PICPUS, le regardant.
Qué changement!
PICPUS.
Qué décadence!
Mme PICPUS.
Il est encore plus laid qu'à l'ordinaire.
PICPUS.
Elle n'est plus fraîche.
Mme PICPUS, s'attendrissant.
Et pourtant... de le revoir comme ça... tout d'un coup...

PICPUS, se rapprochant.
Ça rappelle des choses...
Mme PICPUS.
Ça me fait un effet dans l'estomaque!..
PICPUS.
Ça me saisit le cœur, comme avec des pincettes! (Ils ont marché de côté l'un vers l'autre, et leurs épaules se heurtent; à cette commotion, ils posent leur main sur leur cœur et se reculent de deux ou trois pas.)
Mme PICPUS, le provoquant.
Eh! ben?
PICPUS, hésitant.
Dam...
Mme PICPUS.
Hein?
PICPUS.
Pourquoi pas?
(Ils vont pour se jeter dans les bras l'un de l'autre.)
PICPUS, s'arrêtant.
Ah! quelle affreuse pensée vient couper ma joie!
Mme PICPUS.
Quéq't'as?
PICPUS, sévèrement.
Nonore, tu vas subir un interrogatoire.
Mme PICPUS, surprise.
Dessus quoi?...
PICPUS.
Regarde-moi dans le blanc, et réponds-moi comme à un tribunal... Nonore, pendant notre séparation, m'as-tu z'été fidèle?
Mme PICPUS.
Ah! monsieur!
PICPUS.
Réponds-t-à ton juge.
Mme PICPUS, avec pudeur.
J'ai été bien entourée d'hommages... J'ai été en butte à des blonds bien dangereux...
PICPUS.
A des blonds!...
Mme PICPUS.
A des bruns t'aussi.
PICPUS.
Des bruns t'aussi!...
Mme PICPUS, loyalement.
Mais jamais, au grand jamais....
PICPUS, joyeux.
Vrai? vrai? vrai?
Mme PICPUS, solennellement.
Je le jure sur tes cendres.
PICPUS, transporté.
Vive la charte! (Il s'avance vers sa femme qui l'arrête d'un geste impérieux.)
Mme PICPUS.
Mais à votre tour, monsieur.
PICPUS, surpris.
Aïe!
Mme PICPUS, sévèrement.
Vous fûtes toujours léger et frivole... Alphonse!
PICPUS, modestement.
Le physique!
Mme PICPUS.
Qu'avez-vous fait, vagabond, pendant que j'avais le dos tourné?... Heim?... Tu baisses les yeux, vieux drôle!

PICPUS, confus.
L'homme est faible.
Mme PICPUS, avec malice.
Ah! gueux, gueux!
PICPUS.
Ah! si tu savais comme elles m'ont envahi, les malheureuses! Je me suis vu entortillé par un tas de syrènes et de bayadères... Elles me couronnaient de fleurs, elles remplissaient ma coupe de vin-z-à quinze, elles m'entraînaient vers l'abîme avec des guirlandes de roses...
Mme PICPUS, l'excusant.
Ah! le gamin!
PICPUS.
Et pourtant, jamais, au grand jamais.
Mme PICPUS, avec joie.
Vrai? vrai? vrai?
PICPUS.
J'en atteste la Colonne.
Mme PICPUS, transportée.
Ah! mon Alphonse!
PICPUS, de même.
Ah! ma Nonore! (Ils s'embrassent.)
Mme PICPUS.
Tu as donc conservé ton innocence?
PICPUS.
Je te retrouve avec ta blancheur!... Ah! laisse-moi me livrer à mes souvenirs délirans... laisse-moi-z-y nager comme un insensé!
Mme PICPUS.
Livrons-nous-y... nageons-y.
PICPUS.
AIR : Ma chaumière et mon troupeau *(de Plantade).*

Té souviens-tu, mon épouse chérie,
De nos amours, d'ces jours si beaux?
Dans la ru' d'la grand' Truanderie,
Nous nous aimions comm' deux moineaux.
Un' table, un' chaise, un' soupente, un' portière,
V'là quel était mon mobilier...
Nos amours avaient pour chaumière
    Une loge de portier.

Même air.
Qu't'étais jolie!
Mme PICPUS.
Et toi, qu't'étais bel homme!
T'étais mon tout.
PICPUS.
Toi, t'étais ma moitié.
Mme PICPUS.
Tu me rossais... fallait voir comme!
PICPUS.
Une heure après je l'avais oublié.
Mme PICPUS.
Tu r'trouv's le cœur de ta portière.
PICPUS.
Je te rends le mien tout entier...

ENSEMBLE.

Il n'nous manqu' plus qu'une chaumière,
    Une loge de portier,
    Un' bonn' loge de portier,
    Une loge bien chaude de portier.

(Ils sortent en galopant sur la ritournelle de l'air. Aussitôt après le départ des époux Picpus, Chambéry qui était entré vers la fin de la scène, s'approche de la maison et donne un signal en faisant le cri des peintres en bâtiment et des colleurs de papier.)
CHAMBÉRY.
Rrrou, ou, ou, ou!

SCÈNE XII.

CHAMBÉRY, POLIVET, à la fenêtre du premier, puis CAMILLE.
POLIVET, ouvrant la fenêtre du 1er étage.
L'organiste! es-tu seul?
CHAMBÉRY.
Oui, ils viennent de rentrer.
POLIVET.
Voilà le cahier de chansons.... A toi! (Il jette le portefeuille par la fenêtre.)
CAMILLE, paraissant sur la porte.
Que vois-je! (Elle rentre.)
CHAMBÉRY.
Cette fois, il n'ira pas en tilbury... (Il lève le couvercle de son orgue, et y met le portefeuille.)
POLIVET.
Sauve-toi; j'irai te rejoindre. (Il disparait.)
(Musique.)
CAMILLE, reparaissant.
Dois-je crier?... Mais ils sont plusieurs.

SCÈNE XIII.

LES MÊMES, DUMONCEL, sortant de la maison.
DUMONCEL.
Eh bien, Camille, que faites-vous donc là?
CAMILLE, vivement.
Monsieur Paul!.. ne laissez pas sortir cet homme. Je vais chercher du monde... (Elle rentre.)
DUMONCEL.
Que veut-elle dire?

SCÈNE XIV.

DUMONCEL, CHAMBÉRY.
DUMONCEL, arrêtant Chambéry qui allait sortir par le fond.
Eh! dites donc, l'homme à la musique.
CHAMBÉRY, se retournant.
Dumoncel!
DUMONCEL.
Chambéry!
CHAMBÉRY, embarrassé.
Donnez-moi votre adresse... j'irai vous voir.
DUMONCEL.
Non, non, expliquez-moi. (Il le retient.)

SCENE XV.

LES MÊMES, CAMILLE, TOUS LES ACTEURS.
CAMILLE, vivement.
Accourez tous!.... Fermez la porte. (Mignon court fermer la porte.) Arrêtez cet homme : prenez son orgue, il y a caché un portefeuille.
DUMONCEL.
Est-il possible!

TOUS, se jetant sur lui
Arrêtons-le !

RIBOTTON, qui s'est emparé de Chambéry, levant le couvercle de l'orgue, en tire le portefeuille.

Le voilà !... (L'examinant.) Eh ! mais... c'est celui que ces gamins m'avaient confié.

CLAMPIN, criant.

Ouvrez-le !... Il est plein de billets de banque !..

RIBOTTON, l'ouvrant.

Il n'y a rien dedans.

TOUS, surpris.

Rien !

CHAMBÉRY, stupéfait.

Rien ! Polivet m'a floué !

POLIVET, à part, au coin à droite.

Impossible de sortir... la porte est fermée. (Il se cache dans le tonneau qui sert de niche au chien, et qui est près de la maison.)

CAMILLE.

Mais ils étaient deux !.. où peut être caché l'autre ? (On cherche de tous côtés.)

PICPUS, s'approchant de la niche.

Qui vive ?

Le voilà !

CAMILLE, l'apercevant.

PICPUS, le faisant sortir.

Ah ! chien !.. qué que tu fais là !

CLAMPIN.

Fouillez-le. (On le fouille.)

RIBOTTON.

Voilà les billets ! (Il les montre.)

CHAMBÉRY.

Tu me trompais donc !

POLIVET.

Je te rendais ta monnaie !

CHAMBÉRY.

Ah ! gredin !

POLIVET.

Ah ! brigand !

PICPUS.

Ah ! quelle danse ils vont danser ! quel cancan ! quelle chahut !.. (On se jette sur eux, on les chasse en les rossant.)

CHOEUR.

Air : Chœur infernal de Robert-le-Diable.

Qu'on fasse
La chasse
A ces deux voleurs !
Canaille !
Qu'on aille
Se fair' pendre ailleurs.

SCÈNE XVI.

TOUS LES ACTEURS, EXCEPTÉ CHAMBÉRY ET POLIVET.

RIBOTTON, MADELEINE, ROQUET, MIGNON, PICPUS, DUMONCEL, CAMILLE, OLYMPE, CLAMPIN, Mme PICPUS.

DUMONCEL, avec âme.

Camille ! je te dois ma fortune.

PICPUS.

Tu vois, madame Picpus, que je me connais en bons partis... si tu en as choisi un pareil pour ma fille....

Mme PICPUS.

Mais le mien n'est point z'à dédaigner... je vous présente mossieu Altur.

TOUS, riant.

Ha ! c'est Clampin !

Mme PICPUS.

Clampin !

OLYMPE.

Clampin !.. je ne serai jamais madame Clampin.

CLAMPIN.

C'te bégueule ! (Il passe du côté des gamins.)

MIGNON, approchant de Dumoncel.

Monsieur Paul, voilà le billet de cinq cents francs que j'avais pris pour récompense.

PICPUS, l'arrêtant et le prenant dans ses bras.

Bien, mon fils, tu es digne de moi.

ROQUET, s'approchant.

V'là le mien aussi.

PICPUS.

Bien, tu es digne de moi. (Il reçoit le billet.)

CLAMPIN, s'approchant un peu honteux.

Monsieur Paul...

PICPUS.

Bien, tu es digne de moi.

CLAMPIN.

Je vous ferais bien hommage du mien... mais je m'ai habillé avec... v'là le restant de la monnaie ; v'là une montre... v'là..

PICPUS, à Dumoncel.

Tu vois la probité du peuple.

DUMONCEL, leur rendant tout ce qu'avait reçu Picpus.

Ah ! mes amis, je suis riche, vous vous en ressentirez tous ; je vous invite à ma noce... vous y danserez, n'est-ce pas ?

PICPUS.

Dansons tout de suite... Ah ! quel bal ! Et toi, mon neveu, souvenez-vous d'une chose. Il y a deux sortes de canailles, la bonne et la mauvaise.. et c'est nous qu'est la bonne !

TOUS.

C'est nous qu'est la bonne !

CHOEUR FINAL.

Air : de Newgate.

Eh ! vite un rigaudon,
Place
A la populace !
C'est chez l' pèr' Ribotton
Qu'on s' fich' du bon ton.

PICPUS.

Air : d'Aristippe.

Quoiqu' nous somm's tous de la bass' classe,
Il ne faut pas vous tromper sur nos goûts ;
J'aim' la beauté, l'élégance et la grace,
J'aim' les bell's rob's, les délicieux bijoux,
Les chapeaux de v'lours et les marabouts.
Aux Variétés * que l' beau monde aille,
Que par l'affiche il n' soit pas arrêté,
Soyez certains que la canaille
Aime beaucoup la bonne société !
Nous adorons la bonne société !

(Le rideau baisse.)

---

* Variante pour les départements.
Qu'à not' théât' le beau monde aille, etc.

WERTHER OU LES ÉGAREMENS D'UN CŒUR SENSIBLE, vaud. de M. Duval.
LA PRISON D'ÉDIMBOURG, opéra comique en 3 actes, de M. Scribe.
LA PREMIÈRE AFFAIRE, comédie en 3 actes, de M. Merville.
LA FAMILLE DE L'APOTHICAIRE, vaudeville, de MM. Duvert, Desvergers.
DON JUAN D'AUTRICHE, comédie en 5 actes, de M. Casimir Delavigne.
L'ENFANT TROUVÉ, comédie en 3 actes, de Picard et Mazères.
LE POLTRON, vaudeville, de Bayard.
LE FACTEUR, drame en 5 actes, de MM. Ch. Desnoyers, Boulé et Pothier.
MISANTHROPIE ET REPENTIR, drame en 5 actes, de Mme Mollé.
LE CHALET, opéra comique, de MM. Scribe et Adolp. Adam.
PÉRINET LECLERC, drame historique en 5 actes, de MM. An cet et Lockroy.
NOIROUD ET COMPAGNIE, vaudeville, de MM. Bayard et J. Devilly.
AGAMEMNON, tragédie en 5 actes, de M. Népomucène Lemercier.
CHACUN DE SON CÔTÉ, comédie en 3 actes, de M. Mazères.
LE VAGABOND, drame populaire en vaudeville, de M. Maillan.
THÉRÈSE, drame en 3 c., de Ducange.
SANS TAMBOUR NI TROMPETTE, vaudeville, de MM. Merle, Carmouche.
MARINO FALIERO, en 5 actes, en vers, de M. Casimir Delavigne.
FANCHON, LA VIELLEUSE, vaudeville en 3 actes, de M. Bouilly et J. Pain.
PROSPER ET VINCENT, vaudeville en 2 actes, de MM. Duvert et Lauzanne.
GLENARVON, drame en 5 actes, de M. Félicien Mallefille.
LE CONTEUR OU LES DEUX POSTES, comédie en 3 actes, de Picard.
CALEB DE WALTER-SCOTT, vaudeville, de Dartois et Eugène.
LA DAME DE LAVAL, drame en 3 actes 6 tabl., de MM. Maillan et Legoyt.
CARLIN A ROME, souvenir historique en vaudeville, de MM. Rochefort.
LES DEUX PHILIBERT, c. en 3 a. de Picard.
LES COUTURIÈRES, vaudeville grivois, par Désaugiers, et M. St-Laurent.
LE COUVENT DE TONNINGTON, drame en 3 actes, de Ducange et M. Anicet.
LE LANDAU, vaudeville, de Picard et Mazères.
UNE FAMILLE AU TEMPS DE LUTHER, tragédie, de Casimir Delavigne.
LES FOLÉTAIS, vaudeville, de MM. Xavier, de Villeneuve et Ch. Dupeuty.
HONORINE OU LA FEMME DIFFICILE A VIVRE, vaud. en 3 actes, de Radet.
ANGELINE OU LA CHAMPENOISE, vaudeville, de MM. d'Artois et Théaulon.
LA PRINCESSE AURÈLE, com. en 5 act. en vers, de M. Casimir Delavigne.
LES PETITES DANAÏDES, imitation, en vaudeville, de Désaugiers.
SOPHIE ARNOULD, vaudeville en 3 actes, de MM. Leuven, Deforges.
UN MARI CHARMANT, vaudeville, de MM. Dumanoir et Lafargue.
LES DEUX FRÈRES, comédie en 4 actes, de Weiss, Jauffret et Patrat.
MADAME LAVALETTE, drame historique, de MM. Barthélemy, Brunswick, c.
LA PIE VOLEUSE, drame hist. en 3 act., de MM. Caigneze et d'Aubigny.
LA FAMILLE IMPROVISÉE, scènes épisodiques, vaudeville, de MM. Dupeuty.
LES FRÈRES A L'ÉPREUVE, drame en 3 actes, de Pellelier Volméranges.
LE MARQUIS DE CARABAS, folie-féerie en 2 actes, de Brazier.
LA BELLE ÉCAILLÈRE, drame vaudeville en 3 actes, par M. Gabriel.
LES DEUX JALOUX, opéra comique.
LA LAITIÈRE DE MONTFERMEIL, vaudeville en 5 acts, de MM. B. Perin et Brazier.
LES BONNES D'ENFANS, vaudeville, de Brazier et M. Dumersan.
FARRUCK LE MAURE, drame en 5 actes en vers, de Victor Escousse.
MONSIEUR AIME MIEUX L'AMI DE COLLÈGE, de Désaugiers et Gentil.

MADAME DE SÉVIGNÉ, comédie en 3 actes, de M. Bouilly.
M. CHAPOLARD OU LE LOVELACE DANS UN GRAND EMBARRAS, vaudeville.
LA CAMARGO, vaudeville en 4 actes, de MM. Dupeuty et Fontan.
PRÉVILLE ET TACONNET, vaudeville grivois, par M. Merle et Brazier.
LE BOURRU BIENFAISANT, comédie en 3 actes, de Goldoni.
LA FILLE DE DOMINIQUE, vaudeville de MM. Villeneuve et Charles.
LE PHILOSOPHE SANS LE SAVOIR, comédie en 5 actes, de Sedaine.
ROSSIGNOL, vaud., de M. Vanderburck.
DEUX VIEUX GARÇONS, vaudeville, de MM. E. Vanderburck et Maillan.
LA JEUNESSE DE RICHELIEU, OU LE LOVELACE FRANÇAIS, de Alex Duval.
LE PÈRE DE LA DÉBUTANTE, vaudeville-parade en 3 actes, de M. Théaulon.
L'AVOUÉ ET LE NORMAND OU FIN CONTRE FIN, vaud. de M. E. Vanderburck.
LA JUIVE, opéra en 5 actes, de MM. Scribe et Halévy.
UN PAGE DU RÉGENT OU LE PIÈGE, vaudeville, de M. Théaulon.
LES INDEPENDANS, c. en 3 a., M. Scribe.
LES HUGUENOTS, opéra en 5 actes, de MM. Scribe et G. Meyerbeer.
MAL NOTÉ DANS LE QUARTIER, tableau populaire, de MM. Desvergers.
L'IDIOTE, drame en 3 actes et prologue, de M. Ed. Alboize.
SUZETTE, vaudeville en 2 actes, de MM. Bayard, Dumanoir et Dennery.
GUILLAUME COLMAN OU LES DEUX GUIDES, d. en 5 actes, de M. P. Foucher.
LES DEUX EDMOND, vaudeville en 2 actes, de Baré, Radet et Desfontaines.
LE SERMENT DE COLLÈGE, vaudeville, de M. Alexis Comberousse.
LA VIE DE GARÇON, vaudeville en 2 actes, de P. Duport et de Bieville.
LA CAMARADERIE, comédie en 5 actes, de M. Scribe.
LE COMMIS VOYAGEUR, vaudeville en 2 actes, de M. Paul Duport.
LA LISTE DE MES MAITRESSES, comédie, de MM. Léo et Regnault.
ALIX OU LES DEUX MÈRES, drame en 5 actes, de MM. Ch. Desnoyers.
HARNALI, parodie d'Hernani, parodie en vers en 4 tableaux.
89 MOUTONS ET UN CHAMPENOIS, tableaux, en vaud. de M. Vanderburck.
UN ANGE AU 6e ÉTAGE, vaudeville de MM. Théaulon et Stephen.
FRASCATI OU LE SECRET D'ÉTAT, vaudeville en 3 actes, de A. Deforges.
LA COCARDE TRICOLORE, épisode de la guerre d'Alger, de M. Cogniard.
LA MUETTE DE PORTICI, opéra en 5 actes, de MM. Scribe et Auber.
LA FOIRE SAINT-LAURENT OU UNE REPRÉSENTATION EN 1786, vaudeville.
CLERMONT OU UNE FEMME D'ARTISTE, vaudeville en 2 actes, de M. Scribe.
PIOUPIOU OU L'AMOUR ET LA GLOIRE, vaudeville en 2 actes, de M. Varner.
LE PERRUQUIER DE LA RÉGENCE, opéra comique en 3 actes, de M. Planard.
LE CHEVALIER DU TEMPLE, drame en 5 actes, de MM. Albert et Labrousse.
LE MARIAGE D'ARGENT, comédie en 5 actes, de M. Scribe.
UN CAMP DES CABISSES, drame en 5 actes, en vers, de M. Adolp. Dumas, avec une préface, et une lettre de Victor Hugo à l'auteur.
MADEMOISELLE DALOIGNY, vaudeville, de M. Jacques Arago.
LE SCULPTEUR, OU UNE VISION, vaudeville, de MM. Théaulon et Bieville.
LE BOURGEOIS DE GAND, drame en 5 actes et préface, de M. Hip. Roman.
LE PAUVRE IDIOT, drame en 5 actes 8 tableaux, de MM. Dupeuty et Fontan.
LOUISE DE LIGNEROLLES, drame en 5 actes, de MM. Dinaux et E. Legouvé.
L'HOMME DE 60 ANS, vaudeville, de MM. Dartois, Simonnin et Ferdinand.
MARGUERITE, opéra comique en 3 actes, de MM. Scribe et Boïeldieu.

LA BELLE-SŒUR, drame, de MM. P. Duport et Laurencin.
COLINE LA CRÉOLE OU L'OPINION, drame en 5 actes de M. Ed. Alboize.
MADEMOISELLE BERNARD, v. de M. Auger.
LE PRÉCEPTEUR A VINGT ANS, vaudeville en 2 actes, du même auteur.
MADAME GRÉGOIRE, chanson en 2 actes, de MM. Rochefort et Dupeuty.
LA CACHUCHA, vaudeville, de M. Morel.
SAMUEL LE MARCHAND, drame en 3 actes, de MM. Montigny et Meyer.
GUILLAUME TELL, opéra en 4 actes, de MM. Jouy, Bis et Rossini.
HENRI HAMELIN, vaudeville en 3 actes, de M. Émile Souvestre.
UN TESTAMENT DE DRAGON OU UNE AVENTURE DE PIGAULT-LEBRUN, vaud.
LE MÉNESTREL, comédie en 5 actes, en vers, de M. Camille Bernay.
LES BAYADÈRES DE PITHIVIERS, v. en 3 actes, de M. Paul de Kock.
PEAU D'ANE, féerie en 5 en étableaux, vaudeville, de MM. Wanderburck.
L'OUVERTURE DE LA CHASSE, vaudeville, de MM. Desvergers et Albite.
LA VIE DE CHÂTEAU, vaudeville en 2 a., de MM. Dumersan et Dumanoir.
THÉRÈSE, opéra comique, de MM. Planard, Leuven, et Carafa.
L'OBSTACLE IMPRÉVU, comédie, de Destouches, remise en 3 actes.
RICHARD SAVAGE, drame en 5 actes, de MM. Desnoyers et Labat.
LE GRAND PAPA, vaudeville en 2 actes, de MM. Laurencin et Decey.
LE GÉNÉRAL ET LE JÉSUITE OU LALLI-TOLLENDAL, drame en 5 actes, précédé d'une notice sur sa vie et sa mort, par Ch. Desnoyers.
LA BOULANGÈRE A DES ÉCUS, vaudeville en 2 actes, de M. Théaulon.
DON SÉBASTIEN DE PORTUGAL, tragédie en 5 actes de M. Paul Foucher.
C'EST MONSIEUR QUI PAIE, vaudeville.
MADEMOISELLE CLAIRON, vaudeville en 2 actes, de M. Melesville.
RUY-BLAS, parodie en 5 bouillettes, gros sel, en vers et couplets.
UNE POSITION DÉLICATE, vaudeville, de MM. Léonce et Bernard.
RANDAL, dr. en 5 act., de M. Mallefille.
L'ENFANT DE GIBERNE, drame-vaudeville, en 2 actes, de M. Pierre.
SEPT HEURES OU CHARLOTTE CORDAY, drame, de Victor Ducange et A. Jicel.
UN BAL DE GRISETTES OU ADOLPHINE, vaudeville grivois, de M. Paul de Kock.
GANDINOT ROI DE ROUEN, par MM. Davesne, Moreau, et Meyer.
FRANÇOISE ET FRANCESCA, vaudeville en 3 actes, de M. Varner.
LA MANTILLE, opéra comique en 1 acte, de M. Planard.
LES TROIS GOBE-MOUCHES, folie-vaudeville de M. Honoré.
LE POSTILLON FRANC-COMTOIS, vaudeville en 3 actes, de M. Paul de Kock.
MADEMOISELLE NICHON, vaudeville, de MM. St-Georges et Leuven.
DAGOBERT, pièce drôlatique en 3 actes, en vers et prologue.
LES MARIS VENGÉS, vaudeville en 1 acte, de M. Comberousse.
UNE SAINT-HUBERT, comédie en 1 acte, en vers, par l'auteur des Trois Chapeaux ou 1780.
LA FILLE DU VOLEUR, vaudeville de MM. Théaulon et Stephen.
LES SERMENS, comédie en 3 actes, en vers de M. Vicenet.
LE PLANTEUR, opéra comique en 2 actes, de M. St-Georges.
JASMIN OU LE PÈRE DE L'ENFANT PRODIGUE, vaudeville grivois de M. Sauvage.
26 ANS, comédie en 2 actes, de MM. Dartois et Bourmonville.
PHOEBUS OU L'ÉCRIVAIN PUBLIC, vaud. en 2 actes, de MM. Duport et Bieville.
NINON, NINON, NINETTE, vaud. en 3 actes de M. Théaulon, Dartois et Lesguillon.

PIÈCES NOUVELLES
et Livres qui se trouvent à la librairie Barba.

LA CANAILLE, vaudeville grivois, par MM. Dumersan et Dumanoir. . . . . 60 c.
NANON, NINON ET Mme DE MAINTENON, comédie-vaudeville en trois actes de MM.
   Théaulon, Dartois et Lesguillon. . . . . 60 c.
VINGT-SIX ANS, comédie en deux actes de MM. Dartois et Bonneville. . . . 60 c.
PHOEBUS OU L'ÉCRIVAIN PUBLIC, folie-vaudeville en deux actes de MM. Bayard et
   Biéville. . . . . 60 c.
LA BRANCHE DE CHÊNE, drame en cinq actes de MM. Charles Lafond et Charles Des-
   noyers. . . . . 60 c.
L'EAU MERVEILLEUSE, opéra-bouffon en deux actes de MM. Sauvage et Albert Gri-
   sart. . . . . 40 c.
LE COMITÉ DE BIENFAISANCE, comédie de MM. Jules de Vailly et Duveyrier. 40 c.
LES CAMARADES DU MINISTRE, comédie en vers de M. Emile Wander-Burck. 40 c.
PÈRE PASCAL, vaudeville en deux actes de MM. Varin et Desvergers. . . . 60 c.

BOUQUET A Mlle RACHEL, son enfance et ses malheurs, jusqu'à son début à la Comédie-
   Française; suivi d'une Notice sur les Actrices célèbres depuis le dix-huitième siècle, 1 vol.
   in-8° grand raisin, avec une belle lithographie et une couverture imprimée. 2 fr. 50.
GALERIE DU PALAIS ROYAL, gravée d'après les tableaux de différentes écoles qui la
   composaient, avec un Abrégé de la vie des peintres et une Description historique de chaque Tableau ; 354 belles gravures, 3 vol. in-folio, *au lieu de* 750 fr., cartonné, 150 fr.
   La même, figures tirées sur papier de Chine, demi-reliure, dos de maroquin. 220 fr.
FASTES UNIVERSELS, ou Tableaux historiques, chronologiques et géographiques, suivis
   de tables alphabétiques, comprenant l'une les noms d'hommes, l'autre les noms de choses,
   et présentant toutes deux dans leur ensemble, et par la manière dont elles sont conçues, un
   nouvel art de vérifier les dates, par Buret de Longchamps ; 1 vol. in-fol. oblong sur co-
   lombier, cartonné, *au lieu de* 150 fr. . . . . 36 fr.
   Cet ouvrage est le fruit de profondes et savantes recherches. Les personnes studieuses s'empresseront
   d'en faire l'acquisition, à un si bas prix.
PREMIER ET SECOND VOYAGES dans l'intérieur de l'Afrique par le cap de Bonne-
   Espérance, par F. Levaillant ; 5 vol. in-8 et Atlas de 43 planches ; *au lieu de* 48 fr. 15 fr.
   Le second voyage séparément, avec Atlas de 23 planches y compris la grande carte d'A-
   frique. . . . . 8 fr.
   La carte séparément, *au lieu de* 6 fr. . . . . 3 fr.
BIOGRAPHIE DES HOMMES DU JOUR : Industriels, Conseillers d'État, Artistes, Cham-
   bellans, Députés, Prêtres, Militaires, Écrivains, Rois, Diplomates, Pairs, Gens de justice,
   Princes, Espions fameux, Savans, par MM. Germain Sarrut et B. Saint-Edme ; 7 vol.
   in-4 à deux col., ornés de 84 portraits. 45 fr.
TRAITÉ DE LA LÉGISLATION DES THÉATRES, par MM. Vivien et Edmond Blanc ;
   1 vol. in-8, 2e édition. . . . . 3 fr.
THÉORIE DE L'ART DU COMÉDIEN, ou Manuel théâtral ; par Aristippe, comédien
   français ; 1 vol. in-8. . . . . 3 fr.

Imprimerie de Boulé et Ce, rue Coq-Héron, 3.

www.ingramcontent.com/pod-product-compliance
Lightning Source LLC
Chambersburg PA
CBHW060559050426
42451CB00011B/1983